Fontane | Irrungen, Wirrungen

Lektüreschlüssel XL

für Schülerinnen und Schüler

Theodor Fontane

Irrungen, Wirrungen

Von Volker Ladenthin und Mario Leis

Reclam

Dieser Lektüreschlüssel bezieht sich auf folgende Textausgabe: Theodor Fontane: *Irrungen, Wirrungen. Roman.* Hrsg. von Wolf Dieter Hellberg. Stuttgart: Reclam, 2013 [u. ö.] (Reclam XL. Text und Kontext, Nr. 19038).
Diese Ausgabe des Werktextes ist seiten- und zeilengleich mit der in Reclams Universal-Bibliothek Nr. 19601.

E-Book-Ausgaben finden Sie auf unserer Website unter www.reclam.de/e-book

Lektüreschlüssel XL | Nr. 15508
2019 Philipp Reclam jun. Verlag GmbH,
Siemensstraße 32, 71254 Ditzingen
Druck und Bindung: Kösel GmbH & Co. KG,
Am Buchweg 1, 87452 Altusried-Krugzell
Printed in Germany 2019

ISBN 978-3-15-015508-0

Auch als E-Book erhältlich

www.reclam.de

Inhalt

1. Schnelleinstieg

Autor	Theodor Fontane (1819–1898): von 1836–39 absolvierte er eine Lehre als Apotheker. Diesen Beruf gab er 1849 auf und arbeitete als Journalist und Schriftsteller.
Veröffentlichung	Erstveröffentlichung: 1887 als Fortsetzungsroman in der *Vossischen Zeitung*, dort noch mit dem Untertitel *Eine Berliner Alltagsgeschichte*.
Gattung	Roman
Epoche	Realismus (ca. 1850–1890)
Werkaufbau	Der Roman besteht aus zwei Teilen und umfasst 26 Kapitel, die keine Überschriften besitzen.
Ort und Zeit der Handlung	Die Handlung spielt vor allem in Berlin – zudem in »Hankels Ablage«. Sie erstreckt sich von Juni bis Oktober 1875 (Teil 1: Kapitel 1–16) und von April bis Spätsommer 1878 (Teil 2: Kapitel 17–26).

Im Mittelpunkt des Romans steht ein Liebespaar: die Kleinbürgerin Magdalene (Lene) Nimptsch und der adelige Offizier Botho von Rienäcker. Ihre Liaison ist skandalträchtig, weil sie alles andere als standesgemäß ist. Das Liebespaar genießt ein paar Monate seine erotischen Abenteuer und sein Glück, aber dann trennt sich Botho von Lene, weil seine Familie finanziell bankrott ist und nur die Heirat mit seiner vermögenden Kusine Käthe von Sellenthin Rettung verspricht.

Liebesverzicht

Botho könnte zwar auch eine Mesalliance, eine sogenannte Missheirat, mit Lene eingehen, aber er ist zu feige und fügt sich in die Gesellschaftsordnung ein, um seine Familie zu retten. Er verzichtet auf die Liebe seines Lebens: »Ob ich nun frei bin? … Will ich's denn? Ich will es nicht.« (S. 158) Nicht die freie Entscheidung – die möglich war – und Zuneigung bestimmen sein Handeln, sondern Konventionen und ökonomische Zweckmäßigkeit: Botho will gar nicht frei sein, sondern sozial reüssieren. Sein Leben scheitert nicht an der Gesellschaft, sondern an seinem Unwillen, die durchaus mögliche, aber unbequeme Freiheit zu wählen. Schließlich heiratet er seine Kusine, die »[w]undervolle Flachsblondine mit Vergissmeinnicht-Augen« (S. 52 f.). Sie ist die lebendig gewordene Kopie der gesellschaftlichen Konventionen, die sie perfekt mit ihrer oberflächlichen Art und ihren Redensarten verkörpert.

Lene ist authentisch und souverän

Die Heldin des Romans ist Lene. Sie bleibt realistisch, sie erwartet keine langfristige Beziehung oder gar Heirat, die ihr, so erklärt sie selbst, standesgemäß nicht zustehe. Aber sie liebt innig: »Wenn ich einen liebe, dann lieb ich ihn. Und das ist mir genug.« (S. 20) Als Botho sich von ihr trennt, bleibt sie tapfer und authentisch, gleichwohl ist dieser Verlust traumatisch für sie, aber ihr gelingt es, sich wieder neu in die Gesellschaft einzugliedern: »Wenn man schön geträumt hat, so muss man Gott dafür danken und darf nicht klagen, dass der Traum aufhört und die Wirklichkeit wieder anfängt.« (S. 105) Sie heiratet schließlich Gideon Franke, einen braven und etwas kauzigen Mann, der aber untadelig ist und seine Prinzipien selbstbewusst vertritt.

Als Käthe die Heiratsannonce vorliest, die Lenes und Frankes Verehelichung kundtut, spöttelt sie über den befremdlichen Vornamen »Gideon«. Ihr geschockter Ehemann Botho erklärt daraufhin – im letzten Satz des Romans – seine zweideutige Bankrotterklärung: »Gideon ist besser als Botho.« (S. 180)

2. Inhaltsangabe

Der Roman lässt sich in zwei Teile gliedern: Der erste Teil umfasst die Kapitel 1–16 und beschreibt Anfang, Verlauf und Auflösung der Liaison zwischen Botho von Rienäcker und Magdalene Nimptsch. Der zweite Teil umfasst die Kapitel 17–26 und erzählt von der Verlobung, Heirat und Ehe Bothos und Käthes.

Erster Teil

1. Kapitel: Frau Nimptsch, Frau Dörr, Botho und Lene

Der Schauplatz

Der Roman beginnt mit der Vorstellung des künftigen Schauplatzes, Berlin, genauer: Wilmersdorf, in der Nähe des Zoologischen Gartens, wo sich eine Gärtnerei und nebenan ein recht ärmliches Anwesen befindet. Die Handlung trägt sich »Mitte der 70er Jahre« (S. 5) des 19. Jahrhunderts zu; die Erzählung setzt »die Woche nach Pfingsten« (S. 5) ein.

Die Hauptfiguren

Der nächste Abschnitt stellt die Hauptfiguren vor, die alte, etwas kränkliche Frau Nimptsch sowie die Nachbarin, die Frau des Gärtners Dörr, eine »robuste [...] vor allem auch eine sehr stattlich aussehende Frau«, die nicht nur den »Eindruck des Gütigen und Zuverlässigen«, sondern auch »einer besonderen Beschränktheit machte« (S. 6). Frau Nimptsch und ihre Nachbarin Dörr reden über die Hauptfiguren des Romans: Frau Nimptschs »Pflegetochter« Lene und ihren Freund Bo-

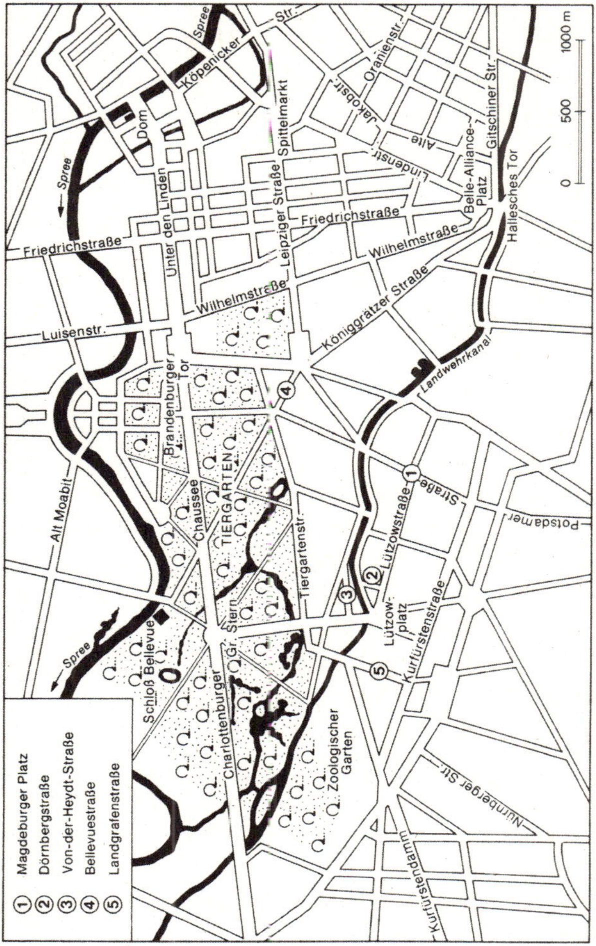

Abb. 1: Schauplätze des Romans

tho. Viele kleine Hinweise deuten darauf hin, dass sowohl Frau Dörr wie auch Frau Nimptsch die Liaison zwischen Lene und dem Baron für problematisch halten. Offensichtlich geht es darum, ob sich aus der Liebschaft eine Heirat ergeben könnte. Frau Dörr, die vor vielen Jahren eine sexuelle Beziehung mit einem Grafen hatte, fragt unverblümt: »Und wie steht es denn?« (S. 7)

2. Kapitel: Lenes Wohnumfeld

Das nächste Kapitel stellt hauptsächlich die Wohnsituation, die »Welt von Baulichkeiten« (S. 9) von Frau Nimptsch und den Dörrs vor, und damit den psychosozialen Hintergrund Lenes: Sie wohnen in einer »höchst primitive[n] Herrichtung« (S. 9). Im Winter muss das Ehepaar Dörr sogar in zwei Treibhäusern neben der Gärtnerei leben, weil es dort wärmer ist.

- Der psychosoziale Hintergrund

Herr Dörr ist »eine vollkommene Trivialerscheinung« (S. 11) mit diversen Macken. Mit im Haushalt lebt sein aus erster Ehe stammender, »etwas geistesschwache[r] Sohn« (S. 9).

- »Trivialerscheinung«: Herr Dörr

3. Kapitel: Botho und Lene, ein Liebespaar

Der Autor stellt die Lebensumstände und Charaktereigenschaften des Ehepaars Dörr vor: Einfache, aber rechtschaffene Besitzer einer kleinen Gärtnerei – wobei Herr Dörr als jemand erscheint, der ein klein wenig zu Boshaftigkeiten und kleinen Schummeleien neigt, um mehr Geld zu verdienen.

Später plaudern Lene und Frau Dörr ein wenig, wobei sie schnell auf Lenes Liebschaft zu Botho zu sprechen kommen. Lene erzählt, wie es am »zweiten Ostertag« (S. 17) zu ihrer ersten Begegnung kam: Sie war mit ihrer Freundin Lina Gansauge und ihrem Bruder Rudolf auf dem See bei Stralau, als sie durch ungeschicktes Rudern in eine bedrohliche Lage gerieten. Zwei beherzte junge Männer, die von einem anderen Ruderboot aus schon dezent Kontakt mit der Dreiergruppe aufgenommen hatten, retteten sie. Am Abend brachten die beiden adeligen Retter die beiden Mädchen mitsamt Bruder nach Hause. »Und seitdem ist er oft gekommen« (S. 19).

Botho und Lene, die Vorgeschichte

Frau Dörr erspürt, dass sich hier schnell Schwierigkeiten und Enttäuschungen ergeben könnten und empfiehlt Realismus und Duldsamkeit: »Un natürlich, was denn kommt, das muss man aushalten un darf sich nicht wundern.« (S. 19) Tatsächlich bleibt Lene realistisch, sie erwarte keine langfristige Beziehung oder gar Heirat, die ihr ohnehin nicht zustehe. Aber: »Wenn ich einen liebe, dann lieb ich ihn. Und das ist mir genug.« (S. 20)

Lene weiß um ihr befristetes Liebesglück

4. Kapitel: Botho schwärmt scheinbar vom einfachen Leben

An einem schönen Abend besucht Botho Lene, Frau Nimptsch und die drei Dörrs. Man will dem Baron schon bei der Platzwahl alle Ehre erweisen, was er aber leutselig ablehnt. Er führt etwas übertrieben aus, dass das bescheidene Leben einfacher Menschen seine besonderen Reize habe: »Jeder Stand hat seine Ehre.« (S. 22) Als kleine Aufmerksamkeit hat er Knallbonbons mitgebracht, die nun geöffnet werden und zwei Spruchweisheiten mit vorausdeutender Botschaft enthalten: »In Liebe selbstvergessen sein, / Freut Gott und die lieben Engelein« und »Wo Amors Pfeil recht tief getroffen, / Da stehen Himmel und Hölle offen« (S. 24).

Bothos adelige Rollenspiele

Um zu zeigen, wie man sich in seinen Kreisen unterhält, führt er ein Rollenspiel vor. Er inszeniert ein Gespräch darüber, welche Sehenswürdigkeiten es in Dresden gibt, und berichtet zudem über das Elend eines verarmten Adeligen. Bei diesen Tischgesprächen erklärt er, sei alles Gerede »ganz gleich« (S. 27) und nahezu bedeutungslos. Als die kleine Abendgesellschaft von weither Musik erklingen hört, beschließt man nach adeliger Etikette zu tanzen. Schließlich geht man zu einer kleinen Familienfeier mit Kirschwasser, eher ein proletarisches Getränk, über.

5. Kapitel: Lene weiß um das bevorstehende Ende der Liebesbeziehung

Nach der kleinen Familienfeier spazieren Botho und Lene im Mondschein durch die Gärtnerei. Lene weiß, ihre Beziehung wird keine Zukunft haben. Ihr ist bewusst, dass er durch seine »Mutter, oder das Gerede der Menschen, oder die Verhältnisse, oder vielleicht alles drei …« (S. 34) gezwungen sei, standesgemäß zu heiraten. Botho stellt dies energisch in Abrede, ohne sie jedoch überzeugen zu können. Lene erklärt, sie akzeptiere den jetzigen Zustand; der erlebte Moment sei ihr Glück. Allerdings müsse man »allem ehrlich ins Gesicht sehn und sich nichts weis machen lassen und vor allem sich selber nichts weis machen.« (S. 35)

Lene akzeptiert ihr Schicksal

6. Kapitel: Bothos Dilemma

Eine Woche später: Botho sitzt in seiner Wohnung in der Bellevuestraße, die ein wenig über seine derzeitigen finanziellen Möglichkeiten ausgestattet ist. Die Post bringt ihm drei Briefe: Neben einer Briefwerbung eine Nachricht seines Onkels Kurt Anton Osten, der ihn zu einem Treffen einlädt. Botho ahnt, dass ihm der Onkel – vielleicht im Auftrag von Bothos Mutter – bei dieser Gelegenheit »Pläne« (S. 39) unterbreiten wird. Der dritte Brief ist von Lene, die ihre Sehnsucht nach einem Treffen äußert und zugleich wieder auf das irgendwann zu erwartende Ende der Beziehung hinweist, das ihr einen »Stich ins Herz« (S. 38) geben würde. Auch berichtet sie, dass sie Botho mit einer »schöne[n] Blondine« (S. 38) gesehen habe. Beide hätten offenbar Gefallen aneinander gefunden, was die Mutter wohlwollend beobachtet habe. Botho kommentiert die Briefe und kleidet sich für das Treffen mit seinem Onkel an.

Briefe für Botho

7. Kapitel: Bothos Onkel fordert die Heirat ein

Botho begibt sich zum Treffen mit seinem Onkel Kurt Anton von Osten, nicht ohne vorher seine Dienstpflichten zu erfüllen und danach erfreut Gemälde in Kunsthandlungen zu betrachten. Auf dem Weg zum verabredeten Ort trifft er Leutnant von Wedell, den er kurzerhand einlädt, mit ihm zu kommen. Sein Onkel freut sich über den zusätzlichen Gast. Aber während man anfangs über die preußische Geschichte plaudert, wird der Onkel zusehends unruhig. Der Grund hierfür stellt sich schnell heraus: Er will seinem Neffen mitteilen, dass dieser innerhalb eines Jahres endlich wahrmacht, was von den »Eltern schon verabredet« (S. 48) war, nämlich Käthe von Sellenthin zu heiraten. Schließlich sei sie immer fröhlich und besitze jene finanziellen Möglichkeiten, die Botho dringend zum Erhalt seines Lebensstandards brauche, denn seine Güter sind so gut wie wertlos.

■ Nachdrückliche Erinnerung an die verabredete Heirat

8. Kapitel: Bothos Kameraden plädieren für die Heirat

Im Klub vertreiben sich Bothos Kameraden Serge und Pitt beim Kartenspielen gelangweilt die Zeit, als Wedell hinzukommt und Bericht erstattet. Die drei sind der Auffassung, dass Botho die »[w]undervolle Flachsblondine mit Vergissmeinicht-Augen« (S. 52 f.) heiraten solle, da er schon jetzt finanziell ruiniert ist: »Heiraten ist […] die Rettung«. (S. 52) Dem Einwand,

■ Freunde befürworten die arrangierte Heirat

dass Botho »in manchem seinen eignen Weg geht«, wird zwar stattgegeben: »Aber die Verhältnisse werden ihn zwingen« (S. 53).

9. Kapitel: Doppeldeutiger Spaziergang: Lene, Botho, Frau Dörr

Lene und Botho laden Frau Dörr zu einem Spaziergang durch die Wilmersdorfer Landschaft ein. Es scheint, als alberten die drei nur ausgelassen herum, aber alle Bemerkungen von Frau Dörr sind Anspielungen auf Liebe, Sexualität oder Schwangerschaft, so dass Lene aus den »kleinen Verlegenheiten gar nicht heraus zu kommen« (S. 57) scheint. Am Ende des Spaziergangs wirken schließlich alle Bemerkungen doppeldeutig und spiegeln die Liebesbeziehung: Lene rät und wettet auf die Zukunft, weil sie immer »gleich weiß« (S. 57), was geschehen wird. Sie spielen »Fangen«, wobei Lene sich »sicher [ist], Botho werde sie nicht fangen« (S. 59). Und sie singen zusammen ein Lied mit einem Vers, welcher die beiden Verliebten wieder »ernst« werden lässt: »ich danke dir mein Leben« (S. 60).

■ Anspielungen auf Liebe und Sexualität

10. Kapitel: Lene ahnt die Beziehungskrise

Nach dem Spaziergang geht die kleine Gesellschaft zu Frau Nimptsch und bereitet einen gemütlichen Abend vor. Man neckt sich und plaudert, man spricht über das Glück zu leben, den Grabschmuck, den Frau

Dunkle Vorahnungen

Nimptsch sich wünscht, und »philosophiert[ ]« (S. 65) über Triviales. Aber Lene ahnt die Krise, als sie zu ihrem Geliebten sagt: »Du hast auch eine Maske.« (S. 63). Frau Nimptsch bestätigt sie indirekt: »Ach, meine liebe Lene, man hat nichts sicher, gar nichts« (S. 64).

11. Kapitel: »Hankels Ablage« – Bindendes Blumenritual

Wenige Wochen später haben Botho und Lene sich auf eine Landpartie zu einem Ausflugslokal namens »Hankels Ablage« geeinigt, das »fern von dem großstädtischen Getreibe« (S. 66) liegt. Während der Bahnfahrt dorthin enttarnt sich Botho: Er würde sich in der Öffentlichkeit für die Einfalt von Frau Dörr schämen, da sie eine »komische Figur« (S. 67) sei – was ganz im Gegensatz zu seinen früheren Äußerungen steht.

Lene und Botho im Doppelzimmer

Angekommen in »Hankels Ablage«, entscheiden sich Lene und Botho für ein Doppelzimmer. Danach unternehmen sie eine kleine Bootsfahrt und wandern ein wenig. Lene ist von den Örtlichkeiten »angeheimelt« (S. 68), aber sie ärgert ihren Geliebten mit beiläufigen »kleinen Spitzen« (S. 70) – ein Beispiel: Sie unterstellt ihm, den Ostermontag – den Tag ihrer ersten Begegnung – als »Unglückstag ansehen [zu] wollen« (S. 69). Bei der Wahl des Ruderboots entscheidet sie sich für das Boot »Forelle« und nicht für jenes mit dem Namen »Hoffnung«, denn: »Was sollen wir mit der Hoffnung?« (S. 69).

Schließlich bindet sie, trotz ihrer eigenen Warnung, dass das »Haar [ver]bindet« (S. 72), einen Strauß aus Vergissmeinnicht und Immortellen mit der ernsten Bemerkung: »Nun bist du gebunden.« (S. 72) – was Botho irritiert und ihm am Ende des Romans wieder gegenwärtig wird.

12. Kapitel: »Hankels Ablage« – Lene fühlt sich nicht wohl

Am Abend zieht sich Lene, leicht indisponiert, auf das Doppelzimmer zurück, nicht ohne von der Wirtin bedrängt zu werden, die das Unwohlsein als mögliche Schwangerschaft deutet. Botho unterhält sich im Gastraum leutselig mit dem Wirt, um einiges über den merkwürdigen Namen »Hankels Ablage« und die Freizeitgewohnheiten der Berliner Ausflugstouristen zu erfahren, die zu diesem »Etablissement« kommen.

Währenddessen erholt sich Lene von der eher psychosomatischen Unpässlichkeit und betrachtet die im Zimmer aufgehängten Bilder. Sie deutet sie als Anspielungen auf ihre Beziehung zu Botho: Von Bildern mit frivolen Inhalten fühlt sie sich pikiert; als sie fremdsprachige Bildunterschriften nicht lesen kann, ahnt sie die kulturelle Distanz zu ihrem Liebhaber, der diese Auffassung allerdings zuvor leutselig bespöttelt hatte. Trotz dieser Irritationen scheint sie glücklich, als sie sich zur Nacht bereitet, ihr Haar löst und Botho das Zimmer betritt.

■ Kluft zwischen Lene und Botho

13. Kapitel: »Hankels Ablage« – Mätressen-Intermezzo

Lene und ihr Liebhaber kommen zum Frühstück aus ihrem Zimmer, und sie genießt diese Stunde, als wenn es die letzte schöne wäre. Botho äußert sich zum Wirt anspielungsreich über die letzte Nacht. Auf einem kleinen Rundgang betrachtet Lene ein alt gewordenes Ehepaar, eine in Arbeit versunkene Magd und erklärt, dass all dies für sie »Zeichen« und »Fügung« (S. 84) seien.

Botho und Lene beschließen, eine Bootspartie zu unternehmen, aber gerade als sie ablegen wollen, erscheinen die drei innigsten Freunde Bothos, Balafré, Pitt und Serge, mit ihren Liebhaberinnen – sei es zufällig oder als »eine geplante« (S. 85) Störung. Übermütig und frivol stellen die drei Männer ihre Freundinnen als Figuren aus Schillers Schauspiel *Die Jungfrau von Orleans* vor, Liebschaften, die aber alles andere als jungfräulich sind, eben Huren.

■ Störenfriede

Botho spielt sofort das Spiel seiner Freunde mit und nennt seine Geliebte »Agnes Sorel« (S. 85), eine berühmte Mätresse, was Lene aber nicht merkt, da sie die Anspielung nicht versteht.

■ Lene und die drei Mätressen

Die drei Frauen nehmen Lene als ihresgleichen in ihre oberflächliche Gemeinschaft auf und sondern sich von den Männern ab, um ein opulentes Mittagessen mit dem Wirt zu besprechen und einen kleinen Spaziergang durch die Natur zu unternehmen. Die Ältere der Neuankömmlinge erklärt mit »kleinen Anzüglichkeiten« (S. 87), dass man sich nur für eine bestimmte Dauer mit den Männern eingelassen habe. Serge versuche zwar, seine Freundin aus dem angestammten Milieu herauszuholen und etwas aus ihr zu machen, sie selbst aber bestehe auf »Ordnung und Anständigkeit« (S. 91) der tradierten Gesellschaftsverfassung. Sie erwarte dabei zwar durchaus eine angemessene finanzielle Anerkennung, aber keinesfalls eine langfristige Bindung: »je bälder man wieder 'raus ist, desto besser.« (S. 91) Da bemerkt sie schlagartig, dass Lene das nicht so sieht, sondern mit dem Herz dabei ist. Die beiden anderen Mädchen lästern über Lene, weil diese ihr kokettes Spiel ablehnt.

14. Kapitel: »Hankels Ablage« – Ende der vermeintlichen Idylle

Durch das Intermezzo ist die zärtliche Stimmung zwischen Botho und Lene gestört und will sich auch auf der Rückfahrt der beiden nach Berlin nicht wieder einstellen. Die Wende in der Beziehung ist eingetreten. Lene will vom Bahnhof allein nach Hause gehen, aber trotzdem begleitet Botho sie, was aber nur zu einer »schreckliche[n] Zwangsunterhaltung« (S. 94) führt.

Brief von Bothos Mutter

Am nächsten Morgen erhält Botho einen Brief von seiner Mutter, die ihm darlegt, dass der wirtschaftliche Ruin bald zu befürchten sei. Der Onkel Kurt Anton Osten mache eine weitere Unterstützung davon abhängig, ob Botho in die Verheiratung mit Käthe von

Sellenthin einwillige. Zudem habe die Mutter Käthes angedeutet, dass sie nicht gewillt sei, noch länger auf eine Entscheidung Bothos zu warten: Er müsse sich jetzt entscheiden.

Auf einem Ausritt reflektiert Botho in einem Monolog noch einmal seine Situation und wägt die verschiedenen Argumente ab, um sich zwischen wirtschaftlicher Klugheit und seiner Liebe zu Lene zu entscheiden. Am Ende wählt er die »Ordnung« (S. 102), d. h. die standesgemäße und finanziell ergiebige Ehe mit Käthe.

15. Kapitel: Botho trennt sich von Lene

Erst am nächsten Morgen schreibt er Lene eine kurze Nachricht, in der er erklärt, dass es die Umstände seien, die ihn zu der Trennung zwingen. Am Abend treffen sich Botho und Lene, und er versucht eine Art Entschuldung für sein Verhalten zu erreichen, die ihm Lene auch gibt: Von aller Schuld »sprech ich dich frei« (S. 105). Sie hingegen verweist darauf, dass sie das Ende »von Anfang an« habe »kommen sehn« (S. 105).

Botho als Opfer?

Während Botho sich als Opfer der Verhältnisse darzustellen versucht, stellt Lene souverän fest: »Alles war mein freier Entschluss.« (S. 105) Schließlich verabschiedet Botho sich von Frau Nimptsch; ihr gegenüber stellt er sich auch als Opfer dar. Sie indes schickt sich wortlos in das, was sie immer gewusst hatte: »Dass es so gut sei.« (S. 106) Am Gartenzaun versucht Botho, den endgültigen Abschied von Lene noch ein wenig hinauszuzögern, aber sie wehrt dies »heftig mit der Hand« (S. 107) ab.

16. Kapitel: Käthe und Botho heiraten

In der Kreuzzeitung wird die Vermählung Botho Freiherr von Rienäckers mit Käthe, geborene von Sellenthin, angezeigt. Lene bekommt die Anzeige in einem Briefumschlag anonym zugeschickt, vermutlich von einer »neidische[n] Kollegin« (S. 108).

Hochzeitsreise

Bothos und Käthes Hochzeitsreise führt nach Dresden. Er scheint vordergründig mit seiner Gattin zufrieden zu sein, denn so »leuchtend und hellblond« (S. 108) sie ist, so erscheint auch ihr Wesen. Aber dennoch muss Botho erkennen, dass das Gemüt seiner Frau »lediglich am Kleinen und Komischen« hängt (S. 108). Auf der Heimfahrt stellt er sie auf die Probe, er fragt sie, was ihr in Dresden am besten gefallen habe. Käthe durchschaut durchaus seine prüfende Absicht, kokettiert ein wenig mit der Antwort, um dann eine überfüllte Konditorei, ein Lustspieltheater und zwei fragwürdige Gemälde zu nennen – eine Antwort, deren Naivität um so mehr wiegt, als Dresden zu jener Zeit eine an bedeutsamen Kunstwerken übervolle Barockstadt war, die in Europa ihresgleichen suchte.

Das Ehepaar in der neuen Stadtwohnung

Die Jungverheirateten ziehen in eine Stadtwohnung in der Landgrafenstraße ein. Bei dem Versuch, sich zu orientieren, fragt Käthe Botho nach dem angrenzenden Dörfchen Wilmersdorf und versteht nicht, warum er bei der Beantwortung dieser scheinbar harmlosen Frage ins Stottern gerät. Ihre Wohnung ist »keine tausend Schritt« (S. 111) von dem Haus der Nimptschs entfernt – wo Lene noch immer wohnt. Und sie pflegt, um ihre Besorgungen zu machen, durch die Landgrafenstraße zu gehen, ahnungslos, dass dort Botho mit seiner Frau lebt.

Lene sieht zufällig Käthe und Botho

Lene kommt von einer Besorgung zurück und sieht Botho und Käthe auf sich zukommen, die in ein lautes und offensichtlich heiteres Gespräch vertieft sind. Schnell wendet sie sich ab und betrachtet belanglose Auslagen eines Geschäftes. Botho und Käthe gehen an ihr vorbei. Dabei bekommt sie mit, dass die beiden in der Tat scherzen. Lene muss den Eindruck gewinnen, dass sich Botho in seine von der Gesellschaft zugedachte Rolle gefügt hat – und dass die beiden offensichtlich eine glückliche, ja heitere Ehe führen. Sie ist völlig niedergeschlagen, sie muss sich in einem fremden Vorgarten beruhigen, geht nach Hause »ohne Bewusstsein dessen, was um sie her vorging« (S. 114).

Lene schleppt sich mit letzter Kraft nach Hause, wo Frau Nimptsch sofort die »Veränderung in Lenens Gesicht« (S. 114) bemerkt, als diese sich »wie halbtot« (S. 114) hinsetzt. Frau Nimptsch ruft in ihrer Hilflosigkeit die robuste Frau Dörr zu Hilfe, die Lene mit allerhand Hausmitteln zu helfen sucht. Freilich wird beiden Frauen schnell klar, dass hier psychische und nicht organische Ursachen für den Schwächeanfall anzunehmen sind: »Von die Männer kommt es.« Deshalb sei sie »dod und lebendig.« (S. 115)

Zweiter Teil

17. Kapitel: Über drei Jahre später

Dreieinhalb Jahre sind vergangen. Zu Beginn des Kapitels berichtet der Erzähler überblickshaft, dass sich die Verhältnisse aller stabilisiert haben. Beim Ehepaar Rienäcker in der Landgrafenstraße »herrscht[e] dieselbe gute Laune weiter« (S. 116), obwohl Käthe nicht schwanger wird, was sie aber scheinbar nicht so recht bedauert.

Bothos Gemüt wurde in den letzten Jahren zwar durch die Oberflächlichkeit seiner Gattin »nicht sonderlich getrübt« (S. 116), aber Glück will sich bei ihm auch nicht einstellen, eher eine »Missstimmung« (S. 116), die er aber gleich wieder als übertrieben verwirft. Er denkt immer noch an Lene, die mit ihrer »Einfachheit, Wahrheit und Unredensartlichkeit« (S. 117) einen Kontrast zu seiner verspielten Ehefrau bildet. Käthe spürt, dass da etwas ist: Verflossene Liebeleien geben eher Anlass zur Eifersucht als aktuelle Flirts, denn »da hört alle Kontrolle auf« (S. 118).

■ Botho ist nicht glücklich

Auch Lenes Situation hat sich gefestigt, aber nur, weil sie alle Begegnungen mit Botho zu verhindern weiß. Gleichwohl bleibt die räumliche Nähe eine Belastung. Zwar gönnt sie ihrem ehemaligen Geliebten das Glück, aber sie kann es nicht mit ansehen. Daher überredet sie die alte, inzwischen kränkelnde Frau Nimptsch, eine neue Wohnung in einem anderen Stadtteil zu beziehen. Nach der üblichen Kündigungs-

■ Lene und Frau Nimptsch ziehen um

zeit gegenüber den wohlmeinenden Dörrs erfolgt der Umzug in eine bequemere Wohnung, in der Lene und ihre Pflegemutter sich nun wohlfühlen.

Gideon Franke, Lenes zukünftiger Ehemann

Mit dem Umzug ist auch eine andere Neuerung eingetreten: Denn nebenan wohnt der ledige Herr Gideon Franke, der des Öfteren mit den Nimptschs Kontakt aufnimmt. In einer zusammenfassenden Erzählung von Frau Nimptsch erfährt die neugierig nachfragende Frau Dörr Details aus der Lebensgeschichte des seriösen Nachbarn: Er sei zunächst Handwerker und dann eine gewisse Zeit in den Vereinigten Staaten als Prediger tätig gewesen, um nach seiner Rückkehr in Berlin eine neue religiöse Sekte zu gründen. Zugleich erhielt er einen angesehenen Posten als Fabrikmeister in unmittelbarer Nachbarschaft der Wohnung.

Lene interessiert sich für den Mann – nur könne es jedoch sein, so überlegen Frau Nimptsch und Frau Dörr, dass sie ihm ihre vorehelichen Erfahrungen gestehe und damit für den strenggläubigen Mann nicht mehr von Interesse sei. Es sei somit möglich, dass Lene sich durch genau jene von Botho attestierte »Einfachheit, Wahrheit und Unredensartlichkeit« (S. 117) den Weg in eine nunmehr standesgemäß geordnete und bürgerlich abgesicherte Zukunft verbaut: »Aber sie kann ja den Mund nich halten« (S. 124).

18. Kapitel: Käthe wird nicht schwanger und fährt deshalb in Kur

Bothos und Käthes Mütter machen sich Sorgen, weil Käthe nicht schwanger wird. Man beschließt, nach ausführlicher und kostspieliger ärztlicher Konsultation, Käthe auf eine vierwöchige Kur ins hessische Schlangenbad zu schicken.

■ Ausbleibende Schwangerschaft

Kokett und begeistert beginnt sie mit ausgiebigen Reisevorbereitungen. Am Tag vor der Reise lädt Käthe zur Verabschiedung Bothos Kameraden Pitt, Serge, Wedell und Balafré ein und schildert, was sie während des Kuraufenthaltes zu unternehmen gedenke. Von ihrer »Kunst des gefälligen Nichtssagens« (S. 126) beeindruckt, steigern sich die Teilnehmer des kleinen Abschiedstreffens in doppeldeutige Erwägungen über die Einrichtung der »künstliche[n] Fischzucht« (S. 126), über die ihr Botho ein Buch eingepackt hatte.

Gleichwohl geniert sich Botho ob des »enorme[n] Sprachtalent[s]« (S. 128) seiner Frau, und auf die anderen wirkt er »sauertöpfisch und neunmalweise« (S. 130). Es kommt zu Überlegungen, welche Kavaliere Käthe im Verlauf der Kur auf welche Art die Zeit vertreiben würden: »eine sehr sonderbare Hilfe« (S. 131) gegen das Ausbleiben des Nachwuchses, wie Freund Pitt es in einem resümierenden Zwiegespräch mit Serge frivol formuliert. Und während Serge trotz des Nachmittags voller »Schwatzhaftigkeit« (S. 129) Käthe für klüger als ihren Gatten hält, fasst Pitt den Charakter Käthes auf Englisch zusammen: »She is rather a little silly.« (S. 131)

■ Käthe: »She is rather a little silly.«

19. Kapitel: Frau Nimptsch stirbt / Gideon Frankes Heiratsantrag

Während Käthe sorglos in die Kur nach Schlangenbad abfährt, kommt es in der Wohnung der beiden Nimptschs zu zwei grundlegenden Veränderungen. Der Tod der alten Frau Nimptsch kündigt sich an. Sie verlangt im Sommer, dass ein Herdfeuer entzündet werde, und bittet Lene, ihr das Gesangbuch unterzulegen – so, wie man es einst bei ihrer Mutter getan hatte: »da wurde sie ganz still und ist ruhig eingeschlafen« (S. 134).

Gideon Frankes Heiratsantrag

Zwar berichtet Lene davon, dass der Nachbar Gideon Franke endlich um ihre Hand angehalten, sie aber den Heiratsantrag nur bedingt angenommen habe, weil sie ihm erst erklären wollte, dass sie bereits zwei Beziehungen hatte und ihr Herz noch an der letzten Liebe, nämlich Botho, hinge. Franke zieht sich sichtlich betroffen kurzfristig zurück.

Lene spürt den nahen Tod ihrer Mutter, holt die Hilfe von Frau Dörr, die auch kommt, eine fragwürdige Medizin verabreicht und Lene darin bestärkt, den Arzt zu holen. Bevor dieser aber in der Wohnung eintrifft, stirbt Frau Nimptsch.

20. Kapitel: Gespräche von Botho und Gideon

Postkarten aus Schlangenbad

Botho erfährt aus drei Postkarten und einem Brief einige belanglose Einzelheiten von der Reise seiner Frau nach Schlangenbad und den ersten Kurwochen dort. Käthe berichtet zahllose Alltäglichkeiten, u. a. von ihrer Reisebegleitung durch die Bankiersgattin Frau Salinger. Zugleich spricht Käthe mehrfach das Thema Kind an, was auf den Zweck der Reise hindeutet: die andauernde Kinderlosigkeit Käthes zu therapieren. Botho beurteilt diese Berichte als »Plauderei«, als »Gesellschaftsecho« (S. 139).

Nach der Lektüre meldet sich der ihm bisher unbekannte Gideon Franke an, um die Erzählungen Lenes über ihr Vorleben auch aus Sicht des ehemaligen Geliebten zu erfahren. Die gesamte Liaison wird nun aus Bothos Perspektive berichtet, der an Lene hervorhebt, dass sie keine »Redensarten« (S. 143) führe, sondern »alles grad heraus« (S. 144) sage, ihren »eigenen Willen« (S. 144) habe und nur das wolle, was sie »auch wirklich verantworten kann« (S. 144). Gideon Franke schließt das Gespräch, indem er wie ein Prediger Wahrheit und Ehrlichkeit als Prinzipien benennt, die über der Konventionalität zu achten sind.

■ Botho bewertet Lene

21. Kapitel: Botho auf dem Weg zu Frau Nimptschs Grab

Das Gespräch lässt Botho »benommen« (S. 147) zurück. Er beschließt, ein altes Versprechen einzulösen und auf dem Grab der Frau Nimptsch einen Immortellenkranz niederzulegen. Auf der Fahrt dorthin erinnert er sich »unendlich süß und unendlich schmerzlich« (S. 153) an die Liaison mit Lene. Im Kontrast zu

■ Erinnerungen an Lene

diesen gemischten Empfindungen begegnet ihm auf der langen Kutschfahrt zum Friedhof das laute Berlin, mit Tanzlokalen, Reklametafeln, stockendem Verkehr (S. 152) und umherziehenden Sängern.

22. Kapitel: Trauer an Frau Nimptschs Grab und Lenes Briefe

Als Botho schließlich vor Frau Nimptschs Grab steht, sieht er, dass dort an einem Eisenständer ein Immortellenkranz hängt, er stammt von Lene, er hängt seinen dazu.

Von der Friedhofsfahrt zurückgekehrt, versucht Botho Ordnung in seine Vergangenheit zu bringen. Er erinnert sich an die Partie zu »Hankels Ablage«, »der letzte schöne Tag […], die letzte glückliche Stunde …« (S. 156). Doch nun will er seine Empfindungen aufräumen und »ein Ende damit machen« (S. 157). Er entnimmt einem Geheimfach die alten Briefe Lenes, liest und verbrennt sie, nicht ohne vorher noch einmal zu resümieren, dass alles an Lene – im Kontrast zu seiner Frau – »Charakter und Tiefe des Gemüts« (S. 158) hatte.

■ Briefe Lenes: »ein Ende damit machen«

23. Kapitel: Botho berät seinen Vetter Rexin wegen einer nicht standesgemäßen Beziehung

Nachdem Botho Lenes Briefe wehmütig verbrannt hat, lässt er sich einen kleinen Imbiss servieren und beruhigt sich durch die Lektüre von Familienanzeigen, aber immer noch in Furcht, seine Frau könne plötzlich aus der Kur kommen.

Der nächste Tag indes konfrontiert Botho erneut und heftig mit seiner Vergangenheit. Sein Vetter Rexin fragt ihn nämlich in einer Angelegenheit um Rat, die mit seiner vergleichbar ist. Auch er hat sich in eine nicht standesgemäße Frau (Henriette) verliebt, ohne die er »nicht leben« (S. 164) kann. Aber auch er hat Bedenken und strebt daher einen »Mittelkurs« an: »Also Ehe ohne Ehe.« (S. 165) In einer ausführlichen Ansprache, bei der er sich nicht unterbrechen lässt, legt Botho dar, wie in einem solchen Falle zu handeln sei: »hüten Sie sich vor diesem Mittelkurs, hüten Sie sich vor dem Halben.« (S. 166)

Parallelgeschichte: Liebe zu einer Bürgerlichen

24. Kapitel: Käthe kehrt aus der Kur zurück

Käthe kehrt nun tatsächlich von ihrem mehrwöchigen Kuraufenthalt in Schlangenbad zurück. Mit dabei ist Frau Salinger, die sich in höchsten Tönen über Käthe ausspricht, Botho neckisch ermahnt, seine Frau zu lange allein gelassen zu haben, und das junge Paar nach Wien einlädt.

Auf der Heimfahrt vom Bahnhof erzählt Käthe ihrem Gatten wenig vom Aufenthalt in Schlangenbad und kommentiert stattdessen oberflächlich und naiv, was sie gerade von der Kutsche aus in den Straßen Berlins sieht. Nichts hat sich durch die Reise verändert: »Und warum sollt' ich auch verändert sein? […] in meinem Charakter und meiner Unterhaltung.« (S. 168)

Die oberflächliche Käthe entwickelt sich nicht

Käthe erwähnt begeistert eine »Badebekanntschaft« namens »Mr. Armstrong« (S. 169), was Botho etwas aufhorchen lässt. Bevor sie jedoch Genaueres erzählt, kommt das Paar zu Hause an, wo die Bediensteten mit Girlanden und Plakat den Empfang bereitet haben – allerdings mit einem Rechtschreibfehler. Im Wort »Willkommen« fehlt ein »l«: Käthe meint, das scheine zu sagen, sie sei »nur halb« (S. 169) willkommen. Sie sieht sich – etwas taktlos – zu dem Resümee veranlasst: »Nun, du sollst auch Alles nur halb haben.« (S. 169)

25. Kapitel: Käthes Ferienerlebnisse

Das junge Paar trifft sich am nächsten Tag zum Frühstück. Käthe hat bisher nichts von ihrer Kur erzählt. Unfreiwillig ehrlich bekennt sie, dass es nicht mehr viel zu erzählen gäbe, da sie alles in den zahllosen Briefen an Botho schon geschrieben habe, »mitunter mehr [...], als ich wusste« (S. 171). Schließlich erzählt sie von einem harmlosen Flirt mit Mr. Armstrong, einem Schotten und »Gentleman«, zu dem sie eine Seelenverwandtschaft entwickelt habe, dessen »Konversation« (S. 172) sie lobt, weil sie unterhaltsam gewesen sei, aber letztendlich bedeutungslos war. Sie wolle indes einen Briefwechsel mit ihm führen: in einem Stil, zu dem die rasche Abwechslung gehöre, »nicht immer dasselbe Thema« (S. 174).

Da es Käthe auch im Haus bereits langweilig wird, fährt man aus, um sich im Schlosspark Charlottenburg mit dem Erzählen von belanglosen Anekdoten die Zeit zu vertreiben.

26. Kapitel: Tristes Eheleben und Lenes Hochzeit

Das Ehepaar kehrt in die Wohnung zurück. Durch eine Nachlässigkeit Bothos und einen Zufall entdeckt Käthe Überreste verbrannten Papiers im Herd. Sie vermutet, dass ihr Ehemann dort alte Liebesbriefe verbrannt hat. Botho gesteht dies ein, Käthe ist daraufhin beruhigt und bittet, mit der Vergangenheit nun wirklich abzuschließen: »Aber wir wollen sie doch lieber zweimal verbrennen; erst zu Asche und dann zu Rauch.« Ihr Nachsatz »Vielleicht glückt es« (S. 177) verrät indes, dass sie Bothos Unglück zu ahnen beginnt.

Käthes banaler Aufheiterungsversuch

Um ihn aufzuheitern, berichtet sie von einem scharfzüngigen Wortgefecht aus ihrem Kuraufenthalt, bei dem sich eine leichtlebige junge »Russin« (S. 177) gegen moralische Vorwürfe einer älteren adeligen Dame mit Wortwitz und Namensspielerei wendete, diese antwortete nicht und verließ den Saal. Und wieder zitiert Käthe etwas, das sie in seiner umfassenden Bedeutung – auch für Botho – selbst nicht versteht: »[…] die Mode wechselt in allem.« (S. 178) Doch Botho hat dieser Erzählung, die – von Käthe unbemerkt – vom erfolgreichen Aufstand einer neuen Zeit gegen die alte spricht, nicht zugehört. Er war noch von dem befangen, was zuerst Asche und dann Rauch werden sollte.

Lene heiratet

Drei Wochen später findet Lenes Hochzeit statt. Am nächsten Tag liest Käthe ihrem Mann amüsiert beim Frühstück eine Trauanzeige vor: Ein Gideon Franke und eine Magdalene Nimptsch hätten geheiratet – was Käthe im Hinblick auf die Namen »zu komisch« findet. Jetzt nun, im letzten Satz des Romans, gesteht Botho seine Niederlage ein, die darin besteht, alles nur halb bekommen zu haben: »Gideon ist besser als Botho.« (S. 180)

3. Figuren

Im Mittelpunkt des Romans stehen Magdalene Nimptsch, Botho von Rienäcker, Käthe von Sellenthin und Gideon Franke. Als Randfiguren kommen unter anderem Frau Dörr, ihr Ehemann und sein behinderter Sohn vor, ebenso die Pflegemutter von Lene, Frau Nimptsch, Bothos und Käthes Mütter und sein Onkel Kurt Anton sowie mehrere Offiziere und deren Mätressen.

Magdalene Nimptsch

Die selbstbewusste Kleinbürgerin Lene Nimptsch verliebt sich in den adeligen Offizier Botho von Rienäcker und weiß von Beginn an, dass diese Beziehung keine Zukunft haben wird. Sie geht aber die Liaison in der Grauzone öffentlicher Moral ein, um etwas zu verwirklichen, das ihr wichtig ist: ihr momentanes Glück, ihre Liebe auf Zeit. Sie erklärt: »Wenn ich einen liebe, dann lieb ich ihn. Und das ist mir genug. Und will weiter gar nichts von ihm, nichts, gar nichts, und dass mir mein Herze so schlägt und ich die Stunden zähle bis er kommt, und nicht abwarten kann, bis er wieder da ist, das macht mich glücklich, das ist mir genug.« (S. 20)

Damit aber unterscheidet sie sich von ihren Geschlechtsgenossinnen; jene kleine Gesellschaft, die Lene in »Hankels Ablage« trifft. Sie kennen, wie die älteren Frauen (Nimptsch, Dörr), die Konventionen

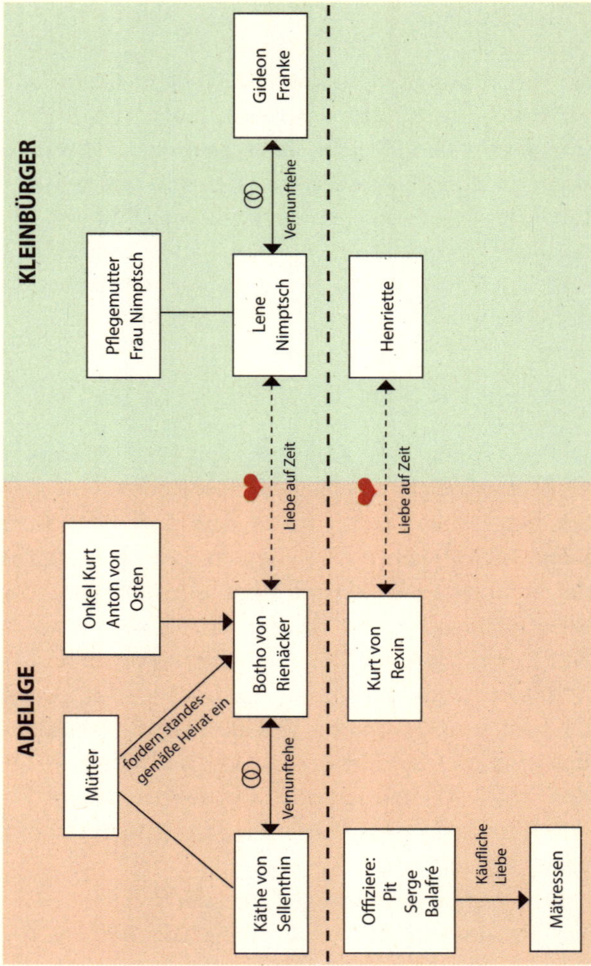

Abb. 2: Figurenkonstellation

der Gesellschaft sehr genau, die ungeschriebenen und geltenden Gesetze. Aber sie durchbrechen sie, um sich materielle Vorteile zu sichern. Sie kennen ihre Rolle in dem System, sie finden einige kleine Nischen, die ihnen scheinbar die Teilhabe an der ihnen nicht gewährten Welt ermöglichen. Ihre Liebhaber, die Offiziere, machen sich über die Rollen ihrer Freundinnen keine Illusionen, sie kennen den Handel, den Vertrag, der hier geschlossen wurde, und nutzen ihn. Gleichwohl schauen sie auf diese Frauen mit Verachtung herab. Die Gesellschaft lässt eine Grauzone zu, in der man sich zugleich außerhalb des öffentlichen Anstands bewegt, ihn aber zugleich dadurch bestätigt und verfestigt, dass man diese Grauzone in ihrer Unausgesprochenheit belässt.

Halbweltdamen: Demimondeschaft

Während diese Mätressen die soziale Grauzone nutzen, um wenigstens zum Schein an der mondänen, ihnen aber verwehrten Kultur teilzuhaben und hieraus materielle Vorteile zu ziehen, geht es Lene um ihre Liebe. Diese hat ihren Sinn einzig und allein in sich selbst.

Dieses kurze Gefühl der Liebe muss weder verstetigt noch wiederholt werden. Seine Einmaligkeit ist sogar eine Eigenschaft dieser Erfahrung im Leben: einmal rücksichtslos zu lieben und geliebt zu werden. Die Überführung dieses quasi-ästhetischen Erlebnisses in sozial mögliche Lebensformen würde das Gefühl weder steigern oder intensivieren noch verlängern. Es ereignet sich im einmaligen Stattfinden: »Sie […] genoss eine kostbare Stunde. War das nicht genug? Und wenn diese Stunde die letzte war, nun so war sie die letzte.« (S. 82)

Botho trennt sich von Lene

Botho trennt sich von Lene, weil er eine Vernunftehe mit Käthe eingeht, die einen Geldsegen für seine Familie bedeutet. Lene reagiert souverän: »Alles war mein freier Entschluss. Ich habe dich von Herzen lieb gehabt, das war mein Schicksal, und wenn es eine Schuld war, so war es m e i n e Schuld.« (S. 105) Gleichwohl belastet Lene die Trennung immens. Als sie Monate später Botho und Käthe zufällig auf der Straße sieht, bricht sie physisch und psychisch zusammen. Sie erholt sich davon und heiratet schließlich standesgemäß Gideon Franke. Sie geht eine Vernunftehe mit ihm ein und ›adelt‹ damit ihr Leben: »Gerade im Kontrast zu den Angehörigen der sogenannten besseren Gesellschaft, der in den an Hankels Ablage spielenden Kapiteln besonders klar erkennbar ist, wird deutlich, daß auf der Seite der Nimptschs der wahre ›Adel des Geistes‹ zu suchen ist. Frau Dörrs Vermutung, Lene sei ›vielleicht […] eine Prinzessin oder so was‹ (S. 8), bewahrheitet sich auf eine Weise, die ihr selbst wohl nicht bewußt ist.«[1]

1 Walter Hettche, »*Irrungen, Wirrungen* – Sprachbewußtsein und Menschlichkeit. Die Sehnsucht nach den ›einfachen Formen‹«, in: *Interpretationen. Fontanes Novellen und Romane*, hrsg. von Christian Grawe, Stuttgart 2008, S. 143.

Botho von Rienäcker

Nachdem der adelige Offizier Botho von seiner Mutter aufgefordert wurde, die vermögende Käthe zu heiraten und sich von Lene zu trennen, zieht er sein bisheriges Lebensfazit: ›Wer bin ich? Durchschnittsmensch aus der sogenannten Obersphäre der Gesellschaft. Und was kann ich? Ich kann ein Pferd stallmeistern, einen Kapaun tranchieren und ein jeu machen. Das ist alles und so hab ich denn die Wahl zwischen Kunstreiter, Oberkellner und Croupier.« (S. 99) Sein Offiziersleben ist ritualisiert und erscheint ihm mehr oder weniger inhaltsleer.

Diese Leere konnte er für eine paar Monate mit Lene mehr oder weniger vergessen lassen, er genießt die Liebe auf Zeit und fühlt sich auch im Umfeld seiner Geliebten wohl, sie ist eine willkommene Abwechslung, die er auf sentimentale Weise verherrlicht: »Allerdings erscheint seine Begeisterung für das Leben des Kleinbürgertums ironisch gebrochen, bleibt er doch ein Gefangener seines standestypischen Bewusstseins, blind für die tatsächlichen Lebensbedingungen seiner Gastgeber, die ohne Strom und fließend Wasser leben.«[2]

»Gefangener seines standestypischen Bewusstseins«

Botho weiß, dass die Beziehung mit Lene keine Zukunft hat, er besitzt auch nicht das Selbstbewusstsein und den Mut, sich zu ihr zu bekennen, weil er nicht charakterstark ist: »Rienäcker, trotz seiner sechs Fuß,

2 Katharina Grätz, *Alles kommt auf die Beleuchtung an. Theodor Fontane – Leben und Werk*, Stuttgart 2015, S. 174.

■ Botho »ist schwach und bestimmbar«

oder vielleicht auch gerade deshalb, ist schwach und bestimmbar und von einer seltenen Weichheit und Herzensgüte.« (S. 53)

■ Geld ist wichtiger als Liebe

Als es dann ernst wird, weil er und seine Familie Schulden haben, gibt es für ihn nur einen Ausweg: »er hat 9000 jährlich und giebt 12 000 aus und das ist immer die schärfste aller Ecken, jedenfalls schärfer als die Heirats-Ecke. Heiraten ist für Rienäcker keine Gefahr, sondern die Rettung.« (S. 52)

Botho ordnet sich unter und gehorcht seiner Mutter, allerdings bildet er sich ein, die Gesellschaft habe ihm seine Entscheidung abgenommen: »das Herkommen [bestimmt] unser Tun [...]. Wer ihm gehorcht, kann zu Grunde gehn, aber er geht besser zu Grunde als der, der ihm widerspricht.« (S. 102) Aber er betrügt sich selbst, weil er durchaus die Möglichkeit gehabt hätte, Lene zu heiraten, aber er hatte nicht den Mut, gegen die tradierten gesellschaftlichen Ansprüche anzukämpfen.

■ Vernunftehe mit Käthe

Das Ehepaar kommt anscheinend ganz gut miteinander zurecht, man arrangiert sich eben. Botho und Käthe spielen ihre Rollen so, wie es von ihnen erwartet wird. Gleichwohl trauert er immer noch seiner großen Liebe nach, auch wenn er ihre Liebesbriefe und ihren Blumenstrauß verbrennt: »Alles Asche. Und doch gebunden.« (S. 158)

Käthe von Sellenthin

Sie ist die Kusine von Botho und ihm seit vielen Jahren als Ehefrau versprochen. Sie gehen eine Vernunftehe ein, um Botho und seine Familie vor dem wirtschaftlichen Ruin zu retten. Für den Offizier gibt es keinerlei Alternative, da er wirtschaftlich ruiniert ist und der Mitgift bedarf, damit er, sein Bruder und die etwas verschwenderische Mutter weiter standesgemäß leben können. Für Liebe ist hier wohl kein Spielraum.

Die einundzwanzigjährige Käthe scheint auf den ersten Blick eine naive und oberflächliche Frau zu sein, die floskelhaft daherredet und sich durch den Reichtum ihrer Familie auszeichnet. Obendrein hat sie – wie Lene übrigens auch – blonde Haare, die sich als Leitmotiv durch den Roman ziehen. So fragt die eifersüchtige Lene Botho: »Wer war denn die schöne Blondine« (S. 38), und sein Onkel bekennt: »Eine Flachsblondine zum Küssen und wenn ich dreißig Jahre jünger wäre, höre …« (S. 47). Der Erzähler lobt sie: »Wirklich, sie lachte den ganzen Tag über und so leuchtend und hellblond sie war, so war auch ihr Wesen.« (S. 108) Gleichwohl ist Käthe eine über weite Strecken selbstsichere Frau mit Humor, welche die gesellschaftlichen Konventionen meisterhaft beherrscht.

Die naive Käthe?

Die Vernunftehe mit Botho ist für sie eine Belastung und Herausforderung, der sie sich tapfer und zuweilen selbstironisch stellt. Der Literaturwissenschaftler Walter Hettche stellt zu Recht fest, dass sie

Käthe als Opfer?

regelrecht geopfert wurde: »[...] sie ist ebenso ein Opfer der dünkelhaften Gesellschaftskonventionen wie Lene und Botho. Offenkundig ist auch sie nicht gefragt worden, ob Botho der rechte sei, und geheiratet wird sie erst, als die Finanznöte der Familie Rienäcker nur noch auf diese Weise behoben werden können. Daß sie in dieser Ehe auch noch ständig mit ihrer Vorgängerin in der Gunst Bothos verglichen wird [...], macht sie zu derjenigen Figur im Roman, an der die Unmenschlichkeit der gesellschaftlichen Zustände offenkundig wird.«[3]

Die Zwangsverheiratung und Bothos voreheliche Liebeshändel belasten sie ohne Zweifel. Ihre Unsicherheit überspielt sie zuweilen mit ihrer Schwatzhaftigkeit, selbst als der erhoffte Nachwuchs – vielleicht aus psychosomatischen Gründen – ausbleibt und Käthe in Kur geschickt wird, um endlich schwanger zu werden, überspielt sie diese Belastung: Kurz vor der Abreise beeindruckt sie die anwesende Gesellschaft mit ihrer »Kunst des gefälligen Nichtssagens« (S. 126).

Kurschatten – Happy End?

In der Kur flirtet sie mit einem gewissen Mr. Armstrong, das berichtet sie ihrem Gatten, sicherlich auch, um ihn eifersüchtig zu machen. Käthe hofft indes, dass die Beziehung zu Botho langfristig halten wird, deshalb verlangt sie von ihm, er solle den Aschehaufen im Herd, die ehemaligen Liebesbriefe ihrer Vorgängerin Lene, noch einmal verbrennen: »Vielleicht glückt es.« (S. 177)

3 Hettche (s. Anm. 1), S. 152.

Gideon Franke

Im Unterschied zu Bothos Frau Käthe taucht Gideon Franke nur an wenigen Stellen im Roman auf. Er ist das Gegenbild zu dem stattlichen, hübschen Offizier und ehemaligen Geliebten Lenes. Die Hochzeitsgäste machen sich über Franke lustig, weil sein Äußeres so gar nicht zu der attraktiven und viel jüngeren Lene passt: »Fuffzig jute hat er doch woll auf'n Puckel un sah eigentlich aus, als ob er seine silberne gleich mitfeiern wollte.« (S. 179)

Sein Alter ist aber für Lene irrelevant, weil sie – wie Botho – eine Vernunftehe eingeht. Schließlich, so Frau Dörr im Gespräch mit Frau Nimptsch, ist er »›[…] ein sehr reputierlicher Mann mit Zylinder un schwarze Handschuh. Un hat auch ein gutes Gehalt.‹ ›Un Lene?‹ ›Nu, Lene, die nähm' ihn schon. […]‹« (S. 124) Franke arbeitet als Schlosser und Führungskraft in einer großen Fabrik.

Der charakterstarke Gideon

Er vertritt ein neues, bisher unerhörtes Christentum. Die kirchliche Position ächtet bis ins 20. Jahrhundert den vorehelichen Geschlechtsverkehr als Unzucht. Von dieser Position rückt Gideon Franke in einer mutigen ›Predigt‹ ab, weil er Erfahrungen in einer multireligiösen Gesellschaft in den Vereinigten Staaten gemacht hat: »Ich war lange drüben in den States […], man lernt drüben anders sehen und nicht immer durchs selbe Glas. Und lernt auch, dass es viele Heilswege giebt und viele Glückswege. Ja, Herr Baron, es giebt viele Wege, die zu Gott führen, und es giebt viele Wege, die zu Glück führen, dessen bin ich in meinem Herzen gleicherweise gewiss. Und der eine Weg ist gut und der andere Weg ist gut. Aber jeder gute Weg muss ein offner Weg und ein gerader Weg sein« (S. 145 f.).

Freiheit des Christenmenschen

Statt Orthodoxie predigt er eine geradezu protestantische Freiheit des Christenmenschen, die auf drei Prinzipien beruht: »Proppertät« (Sauberkeit), »Honnettität« (Anständigkeit) und »Reellität« (Ehrlichkeit) (S. 145) – und letztendlich relativiert er die Gebote: »Ja, der Mensch soll die Gebote halten, alle soll er sie halten, aber es ist doch ein Unterschied, je nachdem die Gebote sind, und wer das eine nicht hält, der kann immer noch was taugen« (S. 144 f.).

Damit leitet er moralisches Handeln nicht mehr nur aus den Kirchenregeln oder biblischen Geboten ab, sondern bewertet autonom, welche Gebote in welcher Rangfolge gelten. Die Kriterien für die Gültigkeit des Textes liegen nicht im Text oder seiner geglaubten Autorität, sondern in der sprachlichen Vernunft, welche die Kraft hat, die Gebote noch einmal zu bewerten und jene zu bevorzugen, die moralisch gewichtiger sind als andere. Der etwas versponnen und harmlos wirkende Gideon Franke vertritt also nichts weniger als die Abkehr vom bisherigen religiösen Dogma auch der protestantischen Kirche – und passt daher letztlich genau zu Lene, die immer alle Verantwortung für ihr Schicksal selbst übernommen hat.

Kleinbürger: Familie Dörr, Frau Nimptsch

Lene wird von zwei Frauen behütet: von Frau Nimptsch, ihrer naiv-besorgten und kränklichen Pflegemutter, und der resolut-pragmatischen Frau Dörr. Sie ist eine »robuste [...], vor allem auch eine sehr stattlich aussehende Frau«, die nicht nur den »Eindruck des Gütigen und Zuverlässigen«, sondern auch »einer besonderen Beschränktheit machte« (S. 6). Beide Frauen haben sich in ihrer Welt eingerichtet und verweisen stets darauf, dass es für die eigene Befindlichkeit nachteilig sei, gegen die herrschenden Konventionen zu verstoßen.

Frau Dörr als Kontrastfigur zu Lene

Frau Dörr ist auch eine Kontrastfigur zu Lene, denn sie hatte auch einmal eine Beziehung zu einem Grafen, die allerdings vor allem sexuell motiviert war. Sie heiratet schließlich den hässlichen, knorrigen, aber durchaus liebenswerten Witwer Dörr. Dieser ist »eine vollkommene Trivialerscheinung« (S. 11) mit diversen Macken. Mit im Haushalt lebt sein aus erster Ehe stammender, »etwas geistesschwache[r] Sohn« (S. 9).

Nimptschs und Dörrs leben in bescheidenen Verhältnissen: »Auch wenn der Roman keine detaillierte Milieuzeichnung leistet, so führt er doch an Frau Nimptsch vor, dass materielle Unsicherheit existenzielle Ängste gebiert: ›man hat nichts sicher, gar nichts, auch nicht mal einen Kranz ans Grab‹ (64). Bothos bedeutendste Handlung, die einzige, bei der er Rückgrat beweist, besteht darin, dass er ihr lange nach der Trennung von Lene den versprochenen Immortellenkranz aufs Grab legen wird.«[4]

Bothos und Käthes Mütter

Strippenzieherinnen

Beide Frauen bleiben im Hintergrund, aber sie ziehen von dort aus die Fäden und bestimmen das Schicksal ihrer Kinder. Frau von Rienäcker schreibt am 29. Juni 1875 den entscheidenden Brief an Botho, in dem sie ihm nahelegt, die vermögende Käthe zu heiraten: »Du hast unser Aller Zukunft in der Hand« (S. 97). Die Mutter der zukünftigen Braut, Frau von Sellenthin, ist genervt, weil Botho bisher die Entscheidung verzögert hat. Sein Onkel hat Bericht erstattet: »Auch darüber hat Onkel Kurt Anton mit mir gesprochen, namentlich im Hinblick auf die Sellenthiner Mama, die sich, bei seiner letzten Anwesenheit in Rothenmoor, in dieser sie lebhaft beschäftigenden Sache nicht nur mit großer Entschiedenheit, sondern auch mit einem Anflug von Gereiztheit ausgesprochen hat.« (S. 97 f.)

Frau von Rienäcker gönnt ihrem Sohn das erotische Intermezzo mit Lene, aber nun fordert sie seine Unterwerfung ein; schließlich profitieren beide Familien von der Heirat. Die von Rienäckers sind finanziell saniert, und die von Sellenthins bekommen einen standesgemäßen Schwiegersohn, der vielleicht eine glänzende Offizierslaufbahn vor sich hat.

4 Grätz (s. Anm. 2), S. 175

4. Form und literarische Technik

Irrungen, Wirrungen wird seit der ersten Buchauflage von 1888 im Untertitel als »Roman« bezeichnet. Fontanes Buch schildert allerdings nicht menschliche Totalität, wie es typisch für die meisten Romane ist, sondern eher – wie bei einer Novelle – eine »unerhörte Begebenheit« (Goethe). Ein Roman, so Fontanes Brieffreund Paul Heyse, entfalte »ein Kultur- und Gesellschaftsbild im Großen«, während in der Novelle »gerade die tiefsten und wichtigsten sittlichen Fragen zur Sprache kommen, weil in dieser bescheidenen dichterischen Gattung auch der Ausnahmsfall, das höchst individuelle und allerpersönlichste Recht im Kampf der Pflichten, seine Geltung findet«.[5] Fontane hat in diesem Sinne immer wieder betont, dass er eine in sich geschlossene »Erzählung« über bestimmte Gesellschaftsschichten versucht hat: *Irrungen, Wirrungen* zeige einen Ausschnitt der Gesellschaft, zugespitzt in einer bestimmten Konfliktsituation.

Der Roman besteht aus 26 Kapiteln, die keine Überschriften tragen: Kapitel 1–16 erzählt die Liebesgeschichte von Botho und Lene, Kapitel 17–26 die Geschichte eineinhalb Jahre nach Bothos Heirat.

■ *Irrungen, Wirrungen* besteht aus 26 Kapiteln

Schon der Anfang der Erzählung zeigt die dominierende Erzählweise: Gleich vom ersten Satz an erkennt man das personale Erzählen, das wie folgt definiert

■ Erzählweise: personaler, neutraler und zuweilen auktorialer Erzähler

5 Paul Heyse, »Einleitung zu *Deutscher Novellenschatz*«, in: *Theorie der Novelle*, hrsg. von Herbert Krämer, Stuttgart 1983, S. 38 f.

ist: »Der Leser sieht sich […] der dargestellten Welt scheinbar direkt gegenüber, ohne die lenkende und kommentierende Hilfe eines Erzählers.«[6] Damit wird das Romangeschehen von dem Erzähler nicht moralisch bewertet, jeder Leser muss sich selbst ein Urteil bilden. An einigen anderen Stellen taucht aber auch der neutrale, dann wiederum auch der auktoriale Erzähler auf.

Schauplätze im Roman

Fontane bildet Berlin und alle anderen Schauplätze nicht 1 : 1 ab, sondern setzt sie aus Bruchstücken neu zusammen, wie er ausdrücklich in einem Brief am 15. Februar 1888 an Emil Schiff bemerkt: »Mit gewiß nur zu gutem Recht sagen Sie […]: ›Wenn man vom Anhaltischen Bahnhof nach dem Zoologischen fährt, kommt man bei der und der Tabagie *nicht* vorbei.‹ Es ist mir selber fraglich, ob man von einem Balkon der Landgrafenstraße aus den Wilmersdorfer Turm oder die Charlottenburger Kuppel sehen kann oder nicht. […] Gärtner würden sich vielleicht wundern, was ich alles im Dörrschen Garten a tempo blühen lasse […]. Dies ist eine kleine Blumenauslese, eine ganz kleine; denn ich bin überzeugt, daß auf jeder Seite etwas Irrtümliches zu finden ist.« Die Orte werden nicht objektiv, sondern realistisch dargestellt, das heißt: Sie

■ Nicht naturalistisch, sondern realistisch

6 Franz K. Stanzel, *Typische Formen des Romans*, Göttingen [10]1981, S. 43.

Abb. 3: Krolls Etablissement (Berlin. Ein Führer durch die Stadt und ihre Umgebung von Robert Springer 1861)

haben symbolische Bedeutung und geben kein wirklichkeitsgetreues Bild von Berlin wieder.

Zeit im Roman

Handlungszeitraum: Pfingsten 1875 bis Sommer 1878

Die Geschichte wird von Pfingsten 1875 an kontinuierlich erzählt; lediglich das erste Treffen von Botho und Lene Ostern 1875 wird von ihr erzählerisch nachgeholt. Auch weitere für die Gegenwart relevante kleine Episoden werden als Rückblenden eingebettet (S. 7 f., 43 f., 105, 119, 157 f., 163).

Der Beginn der Handlung wird präzisiert: »Es war die Woche nach Pfingsten« (S. 5). Im Vollzug der Erzählung gibt es später wenige genauere Datumsangaben (z. B. »Nun war Juni 78«, S. 125) und ein exaktes

Datum: »29. Juni 1875« (S. 96). Die erzählte Zeit umfasst etwas über drei Jahre.

Gleichwohl ist zu bedenken, dass hier, wie Fontane ebenfalls am 15. Februar 1888 an Emil Schiff schreibt, nicht auf reale Daten verwiesen wird: »Kalendermacher würden gewiß leicht herausrechnen, daß in der und der Woche in dem und dem Jahre Neumond gewesen sei, mithin kein Halbmond über dem Elefantenhause gestanden haben könne. Gärtner würden sich vielleicht darüber wundern, was ich alles im Dörrschen Garten a tempo blühen und reifen lasse«.

Montagetechnik

In *Irrungen, Wirrungen* sind andere Textgattungen montiert, die gewissermaßen dokumentarisch abgedruckt werden, insgesamt zehn Briefe bzw. Billets, Karten oder Telegramme.

Briefe

Lenes Briefe haben für die Beziehung von Botho und Käthe eine symbolische Bedeutung, weil er sie zuerst aufbewahrt, dann demonstrativ für sich selbst verbrennt und schließlich von Käthe auf sie angesprochen wird – die um ihre symbolische Bedeutung und ihre Macht in die Gegenwart hinein weiß: »Aber wir wollen sie doch lieber zweimal verbrennen« (S. 177). Die Texte werden wörtlich samt grammatischen und orthographischen Fehlern wiedergegeben und auch optisch als Briefform durch Einrückung hervorgehoben, so wirken sie authentisch.

Auch der Brief von Bothos Mutter an ihren Sohn ist

für die Handlung von besonderer Bedeutung, denn sie setzt ihn massiv unter Druck, seine vermögende Kusine Käthe zu heiraten (S. 96 f.).

Zeitungsartikel, Werbeslogans, Liedtexte

Wörtlich wiedergegeben werden zudem Zeitungsartikel, Werbeslogans oder Liedtexte (S. 153), wie es dann in der späteren Collagetechnik – etwa bei Alfred Döblin und Walter Kempowski – üblich wurde. Fontane bindet zum Beispiel einen Werbeslogan einer »Schweizer Schießhalle« ein: »Schieße gut und schieße schnell, / Schieß und triff wie Wilhelm Tell.« (S. 151)

Es geht dabei nicht um eine Dokumentation, sondern darum, mittels der Eigenheiten dieser Sprachweisen etwas auszudrücken, was der Erzähler selbst nicht ausdrücken will, aber dargestellt wissen möchte. Realismus heißt also auch bei den wörtlichen Zitaten aus anderen Textgattungen: konstruierte Wirklichkeit.

Rollenprosa und innerer Monolog

Botho veranstaltet ein kleines Rollenspiel (S. 25–27), um zu dokumentieren, wie man sich in seinen adeligen Kreisen unterhält. Er macht Lene »eine Tisch-Unterhaltung« (S. 25) vor und zeigt damit, wie gekünstelt diese wirkt.

Innerer Monolog

Außerdem gibt es zahlreiche innere Monologe, Selbstgespräche, die zum Teil assoziativ werden: Einmal als erlebte Rede (z. B. »Es war so wie der Brief es aussprach«, S. 99), als kommentierende Zeitungslektüre (»Hochzeit und Kindtaufen! Und ein paar Todesfälle dazwischen. Nun, die braucht man ja nicht zu lesen«, S. 160), zum anderen aber auch als Zitat: »Wer bin ich? Durchschnittsmensch aus der sogenannten Obersphäre der Gesellschaft.« (S. 99)

Leitmotivtechnik

Fontane bindet unterschiedliche Zeiten, Orte und Szenen durch formelhaft wiederkehrende Formulierungen oder Bilder zusammen – er arbeitet mit Leitmotiven. So ist zum Beispiel das ›Einbilden‹ ein Leitmotiv. Auf die Bemerkung, Lene »bildet sich was ein« (S. 7), antwortet Frau Dörr so, dass auch der innere Konflikt der Figuren angesprochen wird: »Immer wenn das Einbilden anfängt, fängt auch das Schlimme an. Das is wie Amen in der Kirche.« (S. 7)

Die negative Erfahrung, die sich einstellt, wenn man Illusionen über die Wirklichkeit entwickelt, scheint allgemeingültig zu sein. Deshalb sollte man, wie Frau Dörr erklärt, Einbildungen standhalten: »Un natürlich, was denn kommt, das muss man aushalten un darf sich nicht wundern. Un wenn man all so was weiß und sich immer wieder zu Gemüte führt, na, denn is es nich so schlimm. Un schlimm is eigentlich man bloß das Einbilden.« (S. 19)

Der innere Konflikt der Figuren liegt also darin, dass eine Vorstellung, die nicht mit der sozialen Realität übereinstimmt, zu leben versucht wird: Die Täuschung über die wahren sozialen Verhältnisse stört das erträglich Normale und führt zu dem, was Frau

Dörr das »[S]chlimm[e]«, also das Leiden, das unglückliche Bewusstsein nennt. Hierin besteht, wie im Einleitungskapitel des Romans thematisiert, das Grundproblem »unserer Erzählung« (S. 5).

Weitere Leitmotive

In ähnlicher Weise werden nun zahlreiche andere Leitmotive gesetzt, etwa die Lektüre von Zeitungen, Briefen, Kunstgegenständen, Bildern, Blumen und anderen Pflanzen.

Blumen als Leitmotive

Die Blumen im Roman sind auch bedeutungsvolle Leitmotive, sie spiegeln zumeist Stimmungslagen wider und deuten in die Zukunft. Die »Immortellen« (S. 72, wörtl.: ›Unsterblichen‹) und »Vergissmeinnicht« (S. 71) deuten darauf hin, dass Vergangenes fortdauern wird – so auch die Erinnerung an die Liebe von Lene und Botho.

Stilmittel Spiegelung

Ein weiteres Stilmittel ist die Spiegelung von Empfindungen und Gedanken in der äußeren Wirklichkeit. Als Lene sich etwa allein im Doppelzimmer in »Hankels Ablage« aufhält, betrachtet sie Bilder, die Militär und Tod zum Thema haben: »Es waren Stiche […] und so wollte sie gerne wissen, was es mit den Unterschriften auf sich habe. ›Washington crossing the Delaware‹ stand unter dem einen, ›The last hour at Trafalgar‹ unter dem andern.« (S. 80) Lene ist enttäuscht, weil sie die beiden Bildtitel – im Unterschied zu Botho – nicht versteht. Der Bildungsunterschied zwischen ihr und ihrem Geliebten macht ihr deutlich zu schaffen: »Aber sie kam über ein bloßes Silbenentziffern nicht hinaus, und das gab ihr, so klein die Sache war, einen Stich ins Herz, weil sie sich der Kluft dabei bewußt wurde, die

Abb. 4: Emanuel Leutze (1816–68): »Washington crossing the Delaware«, Ölgemälde

sie von Botho trennte. Der spöttelte freilich über Wissen und Bildung, aber sie war klug genug, um zu fühlen, was von diesem Spotte zu halten war.« (S. 80)

Aber auch die Figuren spiegeln sich zum Teil gegenseitig: So hatte die Kleinbürgerin Frau Dörr vor vielen Jahren eine sexuelle Beziehung mit einem Grafen; im Unterschied zu Lene, die auch einen Adeligen liebt, scheint sie aber nicht in ihn verliebt gewesen zu sein. Im Kapitel 23 wiederum führt Botho ein Gespräch mit seinem Kameraden Offizier Kurt von Rexin, der sich auch in eine Kleinbürgerin verliebt hat und ihn nun um Rat fragt. Botho rät ihm nach seinen Erfahrungen zur Entsagung: »Und so denn noch einmal, Freund, zurück von Ihrem Vorhaben oder Ihr Leben empfängt eine Trübung« (S. 166).

Namensymbolik

Bereits die Figurennamen deuten auf bestimmte Charakterzüge ihrer Träger hin; diese Namensymbolik ist ein altes Stilmittel, das in *Irrungen, Wirrungen* selbst thematisiert wird: »Ach, das sind so Namen, die wir nebenher führen, und wir nennen uns so, wenn wir unter uns sind. Der Kronprinz sagt auch Vicky, wenn er Victoria meint. Es ist ein wahres Glück, dass es solche Liebes- und Zärtlichkeitsnamen giebt.« (S. 27)

Die realen Namen in *Irrungen, Wirrungen*

Der Roman fordert regelrecht zur Interpretation der Namen auf. So lassen sich auch die Eigennamen im Roman aufschlüsseln – etwa wenn Rienäcker als zusammengesetzt aus »rien« (frz., ›nichts‹) und »Äcker« verstanden wird: denn in der Tat sind seine Äcker nichts mehr wert – ein Umstand, der letztlich zur Entscheidung führt, Lene zu verlassen. Das Spiel mit dem Namen verdeutlicht auch den im Roman stattfindenden Liebesverrat in der Szene, als Bothos Freunde und ihre Begleiterinnen auf Lene und Botho treffen. Während die Männer ihre Freundinnen nach Dramengestalten benennen, wählt Botho für Lene den Namen einer Mätresse: »Mademoiselle Agnes Sorel« (S. 85). Diese war die offizielle Geliebte des französischen Königs Karl VII. (1403–1461). Indem Botho Lene den Namen einer Mätresse gibt, verrät er sie, was die ungebildete Lene jedoch nicht versteht.

Am Ende der Erzählung, als Käthe die Hochzeitsanzeige von Lene und Gideon entdeckt, kulminiert die Namensgebung zu einer Art Wertung: »›[…] Es ist doch zu komisch, was es für Namen giebt! […] Kannst du dir was Komischeres denken? Und dann Gideon!‹ […] ›Was hast du nur gegen Gideon, Käthe? Gideon ist besser als Botho.‹« (S. 180) Die ungebildete Käthe sieht in Gideon eine komische Figur, nichtahnend, dass der Name Gideon schon im *Alten Testament* (Buch der Richter 6,11 – 8,35) vorkommt. Die biblische Gestalt Gideon kämpfte auf Gottes Geheiß erfolgreich gegen den heidnischen Baalkult der Midianiter. Dennoch ist er eine tragische Gestalt, weil seine Familie letztlich doch dem Untergang geweiht ist. Auch die Romanfigur Gideon ist eng mit Religion verknüpft, wobei sein Nachname Franke (›der Freie‹) andeutet, dass er in diesem Zusammenhang eine eigene Meinung vertritt, z. B. kritisiert er diverse Konventionen der Religion und heiratet Lene, obwohl sie vor ihm schon zwei Liebhaber hatte.

Sprachliche Mittel: Dialekt

Ein besonderes Stilmittel ist der Dialekt, oder, weiter gefasst, die Charakterisierung der Personen durch ihren Soziolekt, sei es das Berlinerische: »denn er spricht so furchtbar berlinsch« (S. 17) oder das Wienerische. Dabei ging es Fontane nicht immer um die objektive Wiedergabe der Dialekte, vielmehr passte er sie an die individuellen Charaktere seiner Romanfiguren an.

5. Quellen und Kontexte

Entstehungsgeschichte

Am 19. Juli 1882 schreibt Theodor Fontane an seine Ehefrau Emilie: »Uebrigens hab ich heute Vormittag eine neue Novelle entworfen: wieder sehr diffizil, sehr intrikat.« Diese Briefstelle gilt als erster Hinweis auf die Entstehungsgeschichte des Textes *Irrungen, Wirrungen*, den er zunächst eine »Novelle« nennt. Er arbeitet nur sporadisch an dem Werk, erst ab 1884 beginnt er intensiver daran zu schreiben. Fontane recherchiert, so ein Eintrag im Tagebuch, mögliche Schauplätze und unternimmt hierzu Ausflüge »in die Umgegend von Berlin«. Er fertigt Skizzen dieser Orte an und schreibt in dem Ausflugslokal »Hankels Ablage«, das er zum zentralen Schauplatz seines Romans wählt, acht Kapitel seines Manuskripts.

Am 25. Mai 1884 notiert Fontane im Tagebuch, dass er die »Novelle [...] zum Abschluss« gebracht habe. Allerdings überarbeitete er 1886 das Manuskript, die letzten Korrekturen nimmt er von März bis Juli 1887 vor.

Reale Vorbilder / Quellen für den Roman?

Besondere Quellen – Romane, Zeitungsmeldungen, wie sonst oft bei Fontane – sind für *Irrungen, Wirrungen* bisher nicht aufgefunden worden; obwohl sich nach der Veröffentlichung eine Frau »Poggendorf« meldet, die – so Fontane in einem Brief vom 20. September 1889 an Paul Schlenther – angibt, »sie sei Lene, ich hätte ihre Geschichte geschrieben«.

Abb. 5: Theodor Fontane (1819–1898). Porträt von Carl Breitbach, 1883

Fontane bietet den Roman einer der angesehensten Zeitungen Berlins (und damit des Deutschen Reiches) als Vorabdruck an: der *Vossischen Zeitung*. In einem Brief an Friedrich Stephany vom 13. Juli 1887 schlägt er vor, den Text einfach *Irrungen und Wir-*

rungen zu betiteln, denn: »›Roman‹ sagt nichts und ›Berliner Roman‹ ist schrecklich und schon halb in Mißkredit. ›Eine Berliner Alltagsgeschichte‹ ist, glaube ich, nicht übel«. Fontane fährt die Ansprüche also zurück, er will kein Gesamtbild der Zeit, d. h. keinen ›Roman‹ geben. Der Text erscheint 1887 schließlich als Fortsetzungsgeschichte unter dem Titel *Irrungen und Wirrungen*, der Untertitel lautet: *Eine Berliner Alltagsgeschichte*. 1888 erschien die erste Buchausgabe als *Irrungen, Wirrungen – Roman* in Leipzig, der Gattungsbegriff ›Roman‹ wurde also doch wieder hinzugesetzt.

■ Das Werk wird veröffentlicht

Realismus

Fontanes literarische Arbeiten rechnet man der Epoche des Realismus (ca. 1850–90) zu. Mehrfach legt der Schriftsteller an verstreuter Stelle dar, was er unter Realismus und einem gelungenen realistischen Roman versteht. In seiner Literaturkritik *Unsere lyrische und epische Poesie seit 1848*, die 1853 anonym veröffentlicht wurde, diskutiert er einen künstlerischen Realismusbegriff, der auch auf sein eigenes Werk zutrifft:

> »Wohl ist das Motto des Realismus der Goethesche Zuruf: Greif nur hinein ins volle Menschenleben, / Wo du es packst, da ist's interessant, aber freilich, die Hand, die diesen Griff tut, muß eine künstlerische sein. Das Leben ist doch immer nur der Mar-

morsteinbruch, der den Stoff zu unendlichen Bildwerken in sich trägt; sie schlummern darin, aber nur dem Auge des Geweihten sichtbar und nur durch seine Hand zu erwecken. [...] Er ist die Widerspiegelung alles wirklichen Lebens, aller wahren Kräfte und Interessen im Elemente der Kunst; er ist, wenn man uns diese scherzhafte Wendung verzeiht, eine ›*Interessenvertretung*‹ auf seine Art. Er umfängt das ganze reiche Leben, das Größte wie das Kleinste [...]. Denn alles das ist *wirklich*. Der Realismus will nicht die bloße Sinnenwelt und nichts als diese; er will am allerwenigsten das bloß Handgreifliche, aber er will das *Wahre*. Er schließt nichts aus als die Lüge, das Forcierte, das Nebelhafte, das Abgestorbene – vier Dinge, mit denen wir glauben, eine ganze Literaturepoche bezeichnet zu haben.«[7]

Die erfahrbare Welt soll in der Kunst des Realismus nicht einfach und unmittelbar abgebildet werden, sondern die Kunst soll mit größter Intensität das Leben widerspiegeln: Sie soll das »Bild der Zeit«, also das Epochentypische, wahr und anschaulich darstellen.

Dabei bedarf es allerdings des Wirklichen als Stoff, als Material, als Steinbruch. So entstehen literarische

7 Theodor Fontane, »Unsere lyrische und epische Poesie seit 1848«, in: *Die deutsche Literatur in Text und Darstellung*, Bd. 11, *Bürgerlicher Realismus*, hrsg. von Andreas Huyssen, Stuttgart 1977, S. 56 f.

Fiktionen, die real möglich wären, ja sogar dem Leben vergleichbar, aber so, dass sie im Unterschied zur »bloße[n] Sinnenwelt« eine substanzhaltige Wahrheit darstellen. Die »Widerspiegelung [des] wirklichen Lebens« muss in der Literatur des Realismus so erfolgen, dass das Gelesene wie etwas selbst Erfahrenes erscheint, allerdings im Kontext der Kunst.

In *Irrungen, Wirrungen* wird diese Kunstauffassung von Botho von Rienäcker auf eine kurze Formel gebracht, als er einige Landschaftsgemälde des Malers Oswald Achenbach betrachtet, so spricht er »von einer geradezu frappierenden Wahrheit des Lebens und Kolorits« (S. 40).

Realismus und *Irrungen, Wirrungen*

Fontane verwendet verifizierbare Schauplätze und Einrichtungen, um seine realistische Geschichte zu erzählen: historische Ereignisse, kulturelle Gegenstände und intime Angelegenheiten, doch er bildet sie nicht im Sinne eines ›1 : 1-Verfahrens‹ ab. In einem Brief vom 15. Februar 1888 listet er alle Ungenauigkeiten, Fehler, Irrtümer und Verfremdungen der Wirklichkeit in seinem Roman auf, um dann aber zu schließen: »Dies ist eine kleine Blumenlese, eine ganz kleine; denn ich bin überzeugt, daß auf jeder Seite etwas Irrtümliches zu finden ist. Und doch bin ich ehrlich bestrebt gewesen, das wirkliche Leben zu schildern. Es geht halt nit. Man muss schon zufrieden sein, wenn wenigstens der Totaleindruck der ist: ›Ja, das ist Leben.‹«

Fontane bildet also, auch wenn er reale Orte schildert, nicht bloß die bestehende Realität ab, sondern

Romanwelt = zeichenhafte Realität

erzeugt sprachlich eine neue, literarische Realität, eine nunmehr literarisch wahre Wirklichkeit aus sprachlichen Partikeln der erfahrbaren Wirklichkeit. So ist nichts im Text Abbild, vielmehr ist alles »Zeichen« – so, wie es Lene auch in der Figurenrede ausdrückt: »Weißt du, Botho, das ist kein Zufall, […] ich fühle deutlich, dass es mir ein Zeichen ist und eine Fügung.« (S. 84) Der Roman bildet die Realität nicht objektiv ab, sondern konstruiert mit sprachlichen Mitteln seine eigene zeichenhafte Wirklichkeit.

Zeitkontext

Ein Autor setzt bei der Leserschaft bestimmte Kenntnisse voraus. Doch wenn sich die Zeiten verändern, wandelt sich auch das Wissen der potenziellen Leserschaft. Um einen Text, der älter ist, zu verstehen, sollte man deshalb rekonstruieren, welches Wissen der Schriftsteller bei seiner Leserschaft voraussetzen konnte.

Fontane schreibt in einem Brief vom 14. Juli 1887, er erwarte, dass »das bessre Publikum der Vossin [»Vossische Zeitung«] so recht in der Lage ist, den berlinischen ›flavour‹ der Sache – worauf ich mich schließlich doch am besten verstehe – herauszuschmecken«. Im Umkehrschluss bedeutet das, dass Fontane davon ausgeht, dass das nicht so belesene Publikum anderer Regionen die lokalen Anspielungen nicht angemessen verstehen wird.

Im Folgenden sollen einige dieser vorausgesetzten

Kenntnisse dargestellt werden. Der erste Satz des Romans gibt Auskunft darüber, wo die Handlung lokalisiert wird und wann sie spielt: »An dem Schnittpunkte von Kurfürstendamm und Kurfürstenstraße, schräg gegenüber dem ›Zoologischen‹, befand sich in der Mitte der 70er Jahre noch eine […] Gärtnerei« (S. 5). Da der Roman 1887 in Fortsetzungen in der in Berlin erscheinenden *Vossischen Zeitung* veröffentlicht wurde und den Untertitel *Eine Berliner Alltagsgeschichte* trug, war vom ersten Satz an klar, dass nicht nur die Kenntnis Berliner Verhältnisse vorausgesetzt wurde (z. B. dass der Zoologische Garten damals am Stadtrand lag, in der Bedeutungslosigkeit, der Peripherie des Geschehens).

Blick ins 19. Jahrhundert: Berlin und das Deutsche Reich

Vorausgesetzt wurden zudem Kenntnisse über die politisch-sozialen Verhältnisse kurz nach der Gründung des Deutschen Reiches, die mit der Proklamation König Wilhelms I. (von Preußen) zum Deutschen Kaiser am 18. Januar 1871 ihren symbolischen Ausdruck fand. Es handelte sich dabei um eine konstitutionelle Monarchie, in der es ein gewähltes Parlament gab. Die tragende politische und soziale Schicht blieb jedoch der Adel. Berlin wurde zur Hauptstadt des Deutschen Reiches und damit zum politischen, sozialen und kulturellen Zentrum.

Kur in Schlangenbad

Wenn die spätere Käthe von Rienäcker eine Kur in Schlangenbad (Taunus) macht, so ist zu berücksichtigen, dass der Ort sehr weit, nämlich 600 km von Berlin entfernt liegt. Für Preußen war der beim europäischen Adel beliebte Kurort bis kurz vor Einsetzen der

Romanhandlung ›Ausland‹ gewesen, denn erst 1867 hatte er seine politische Unabhängigkeit als Gemeinde im Herzogtum Nassau verloren, um dann ins Königreich Preußen und später ins Deutsche Reich eingegliedert zu werden. Der Ort lag etwas abgeschieden und galt deshalb als diskret.

Im letzten Drittel des 19. Jahrhunderts befand sich das Deutsche Reich in einer kurzen und rasanten Aufschwungphase, die aber durch diverse wirtschaftliche Krisen ein wenig an Schwung verlor. Die bisher agrarisch-ländliche Gesellschaft im deutschen Kulturkreis wandelte sich – allerdings später als die der europäischen Nachbarn, besonders Englands – nach und nach zu einer industriell-städtischen Gesellschaft. So wohnten in der Stadt Berlin 1858 ca. 450 000 Menschen, 1877 waren es über eine Million. Industrielles Wirtschaften mithilfe neuer Maschinen war nun profitabler als die ehemals dominante Landwirtschaft.

Deutsches Reich im wirtschaftlichen Aufschwung

Besonders für die Landgutbesitzer in Brandenburg konnte diese Entwicklung den wirtschaftlichen Ruin bedeuten, jedenfalls dann, wenn sie nicht neue Erkenntnisse der Bewirtschaftung in Ackerbau und Viehzucht zu übernehmen bereit waren (vgl. die Ausführungen über moderne Fischzucht in Kap. 18 des Romans).

Machtverlust des Adels

Der Soziologe Max Weber beschrieb 1895 den »ökonomische[n] Todeskampf des alten preußischen Junkertums« folgendermaßen: »Auf den Zuckerrübengütern tritt an die Stelle des patriarchalisch schaltenden Gutsherrn ein Stand industrieller Geschäftsleute, –

und auf der Höhe bröckelt unter dem Druck der landwirtschaftlichen Notlage das Areal der Güter von außen her ab […]. Die ökonomischen Fundamente der Machtstellung des alten Grundadels schwinden, er selbst wird zu etwas anderem, als er war.«[8]

In Berlin entstanden in rasanter Geschwindigkeit große Fabriken. Um diese betreiben zu können, wurden viele Arbeitskräfte benötigt, und es entstanden zahlreiche neuartige Arbeitsplätze – vor allem in technischen Berufsfeldern (vgl. die Biographie Gideon Frankes). Das kleine Handwerk, die kleinen Betriebe (vgl. die Gärtnerei der Dörrs) begannen dagegen – ebenso wie die konservative Landwirtschaft (vgl. die Beschreibung der Güter Rienäckers) – langsam an Bedeutung zu verlieren.

■ Siegeszug der Industrie

Die Gesellschaft entwickelte sich zunehmend von einer ständisch gegliederten zu einer eher egalitären Gesellschaft. Im Deutschen Reich gab es kein Ständewahlrecht mehr, sondern jeder Mann hatte eine Stimme; ausgenommen vom Wahlrecht waren Frauen und Personen, die von der Armenfürsorge lebten.

■ Ständische versus egalitäre Gesellschaft

Gleichwohl herrschten in der Gesellschaft weiterhin soziale und kulturelle Unterschiede. Die Verdoppelung der Bevölkerung Berlins in nur 20 Jahren führte zu beengten Wohnsituationen und gesteigerter Neubauaktivität, besonders an den Rändern der Stadt. Wohngebiete ließen sich daher bestimmten Schichten zuordnen.

8 Max Weber, *Gesammelte politische Schriften*, hrsg. von Johannes Winckelmann, Tübingen [5]1988, S. 7.

Schulbildung

Auch in der Schulbildung zeigten sich Unterschiede: Mädchen stand nur die Volksschule offen, die auch von der großen Mehrheit der Jungen besucht wurde. Gymnasien und die neu gegründeten Realschulen waren weitere attraktive Bildungsangebote, letztere besonders für technisch interessierte Jungen. Für Adelige gab es noch die häusliche Erziehung durch Privatlehrer.

Pressewesen

Im Pressewesen entstand in Berlin – neben den traditionellen Tageszeitungen für die Oberschicht – langsam eine Massenpresse. Die Lektüre unterschiedlicher Zeitungen spielt auch in Fontanes Roman eine Rolle, zwei Beispiele: »Die Kreuzzeitung war begreiflicherweise nicht das Blatt, das in die Dörrsche Gärtnerwohnung samt ihren Dependenzien kam, aber schon am andern Morgen traf ein an Fräulein Magdalene Nimptsch adressierter Brief ein, in dem nichts lag als der Zeitungsausschnitt mit der Vermählungsanzeige.« (S. 107 f.) Und der Roman endet auch mit dem Bericht über eine Zeitungslektüre: Käthe liest Botho die Heiratsannonce Lene Nimptschs und Gideon Frankes vor.

Langsamer Umbau der ständischen Gesellschaft

Trotz dieser Veränderungen vollzog sich der Umbau der ständischen Gesellschaft zu einer offenen Gesellschaft nur langsam. Ursache hierfür waren kulturelle und informelle Faktoren: In den überschaubaren sozialen Zirkeln, besonders der ländlichen Oberschicht, kannte man sich und die jeweiligen Familiengeschichten so gut, dass weiterhin ein System wechselseitiger Beobachtung, Kontrolle und Abhängigkeit bestand.

Erst in der anonymen Großstadtgesellschaft, in der Familienverbindungen durch berufliche oder zufällig nachbarschaftliche Beziehungen ersetzt wurden, gab es Möglichkeiten, im Schutze der Anonymität eigene Lebenskonzepte durchzusetzen – was z. B. Bothos Mutter ihrem Sohn in einem Brief ausdrücklich gewährt: »Was ich wünsche, weißt Du. Meine Wünsche sollen aber nicht verbindlich für Dich sein. Handle, wie Dir eigene Klugheit es eingiebt, entscheide Dich so oder so, nur handle überhaupt. Ein Rückzug ist ehrenvoller als fernere Hinausschiebung.« (S. 98)

Gleichwohl beschränkten die finanziellen Möglichkeiten die eigene Lebensgestaltung erheblich. Starre Strukturen, die letztlich erst durch die zwei Weltkriege und die beiden Demokratisierungsprozesse 1918–33 und 1949 bis heute erheblich aufgelöst oder durch andere Strukturen ersetzt wurden, zeigten sich auch in Alltäglichkeiten wie der Kleidung, den Lebensgewohnheiten, den Konsumgütern, den Speisen, der Kunstrezeption, dem Mediengebrauch, dem Freizeitverhalten und schließlich in den sozialen Beziehungen. Alle diese Merkmale werden in Fontanes Roman kontrastierend vorgestellt. Die sozialen Gruppen grenzen sich so voneinander ab. Lene erkennt das klar: »Ihr kennt ja nur euch und euren Klub und euer Leben.« (S. 35) Die unterschiedlichen Gruppen definieren sich dadurch, dass sie die Unterschiede zu anderen sozialen Gruppen herausstellen: »Aber man sieht es doch!« (S. 8) sagt Frau Dörr, als sich Botho nähert und sich im Aussehen bürgerlich gibt.

Alltagsleben

Rolle des Militärs

Aufgrund des preußischen Einflusses bei der Gründung und Ausgestaltung des Deutschen Reiches kam dem Militär in der Gesellschaft eine besondere Aufmerksamkeit zu, galt es doch als politisch-moralische Führungsschicht, die dem Kaiser treu ergeben war. Das Heer – wie auch die Marine – waren ihm unterstellt, auch deshalb waren die Offiziere vor allem Adelige, sie galten als Vorbild und »Erster Stand im Staate«.

Das »Deutsche Heer« existierte von 1871 bis 1918, sein Hauptquartier war in Berlin. Das Heer bestand zur Entstehungszeit von *Irrungen, Wirrungen* aus fast 500 000 Soldaten.

Vernunftehen

Viele Ehen wurden im 19. Jahrhundert nicht etwa geschlossen, weil sich die künftigen Ehepartner ineinander verliebt hatten oder liebten, sondern weil Eltern die Heirat für ihre Kinder verabredet hatten. Auch wirtschaftliche Interessen spielten bei diesen Verbindungen eine Rolle (vgl. das Ehepaar Dörr). Man nannte solche Verheiratungen im Unterschied zur Liebesheirat, ›Vernunftehe‹. Solche Ehen lag zumeist ein Ehevertrag zugrunde, in dem alle finanziellen Fragen geregelt wurden.

Sexualität und Rechtslage

Im Bereich der Sexualität muss man unterscheiden zwischen der Rechtslage, dem verbreiteten sittlichen Empfinden in verschiedenen Gesellschaftsschichten und schließlich der gesellschaftlich bedeutsamen Position der christlichen Kirchen – in Preußen vorrangig der protestantischen Kirchen.

Die Rechtslage, wie sie im Mai 1871 als Reichsstrafgesetzbuch verkündet wurde, betrifft einige Handlungsstränge im Roman recht stark: So ist das gemeinsame Wochenende von Botho und Lene in »Hankels Ablage« durchaus juristisch relevant, da man dem Gastwirt des »›Etablissement[s]‹, wie sich's auf einem schiefstehenden Wegweiser nannte« (S. 67), Kuppelei unterstellen könnte. § 180 RStGB lautete: »Wer gewohnheitsmäßig oder aus Eigennutz durch seine Vermittlung oder durch Gewährung oder Verschaffung von Gelegenheit der Unzucht Vorschub leistet, wird wegen Kuppelei mit Gefängnis bestraft; auch kann auf Verlust der bürgerlichen Ehrenrechte, sowie auf Zulässigkeit von Polizei-Aufsicht erkannt werden.«

Dass Botho einen abgelegenen Ort für das amouröse Abenteuer sucht, hat also nicht nur den Zweck, nicht von Bekannten aus seiner Gesellschaftsschicht – und von seiner künftigen Ehegattin – bei dem Liebesabenteuer zufällig entdeckt zu werden, was die bereits angebahnte Heirat gefährden würde. Es ging auch darum, einen Ort zu wählen, an dem das, was eigentlich verboten ist, stillschweigend akzeptiert wird: eine Nische in der öffentlichen Moral. Umso unangenehmer ist es für Botho, dass sich seine Freunde – freilich aus dem gleichen Motiv – dort einfinden und ihn bei dem Liebesabenteuer ertappen.

»Hankels Ablage«, erotische Nische

6. Interpretationsansätze

Irrungen, Wirrungen besteht aus zwei Lebensbildern: erstens der Geschichte einer unmöglichen Liaison zwischen einem »Durchschnittsmensch[en] aus der sogenannten Obersphäre der Gesellschaft« (S. 99) und einem Wäschemädchen und zweitens der Geschichte, wie die Hauptfiguren mit dem Scheitern ihres Traums umgehen.

Im Folgenden diskutieren mehrere Interpretationsansätze diese beiden Lebensbilder unter verschiedenen Aspekten.

Bothos Dilemma: Liebe versus Stand

Botho setzt sich zuweilen über die gesellschaftlichen Konventionen seines Standes hinweg, vor allem rund um Lene. Gleichwohl kritisieren seine Freunde dessen Wankelmütigkeit: »Sie wissen, Rienäcker, der überhaupt in manchem seinen eignen Weg geht, war immer fürs Natürliche. [...] Rienäcker [...] ist schwach und bestimmbar und von einer seltenen Weichheit und Herzensgüte.« (S. 53) Der Erzähler dagegen stellt Bothos Jovialität positiv dar: »Rienäcker hatte den hübschen und herzerquickenden Zug aller märkischen Edelleute, mit Personen aus dem Volke gern zu plaudern, lieber als mit ›Gebildeten‹« (S. 148).

■ Ist Botho in Lene verliebt?

Botho scheint tatsächlich in Lene verliebt und träumt von einem »verschwiegene[n] Glück« (S. 100) mit der Kleinbürgerin. Es entsteht dennoch der Eindruck, dass gerade seine immer wieder betonte Nähe zu den einfachen Menschen eher herablassend jovial ist, also Teil eines Kalküls. Lene sagt deshalb zu Recht: »Du hast auch eine Maske.« (S. 63) In ihren Augen ist er also nicht der, der er zu sein vorgibt. Im ersten Teil des Romans ist auch nicht sicher, was Lene ihm bedeutet – erst als er sie verliert, wird ihm klar: Er liebt sie.

Wieso beendet Botho die Affäre?

Botho trennt sich von Lene. Was sind seine Motive? Der Text führt zahlreiche Gründe hierfür an, wobei zu berücksichtigen ist, wer sie nennt. Einige Beispiele: Recht früh in ihrer Beziehung nennt Lene das Standesbewusstsein und finanzielle Erwägungen als Grund dafür, keine Mesalliance einzugehen. Über Bothos Mutter, deren Einfluss auf ihren Sohn sie völlig richtig einschätzt, sagt sie: »Ich denke mir sie sehr besorgt um das Glück ihrer Kinder. […] Und dass all ihre Kinder reiche, das heißt sehr reiche Partieen machen. Und ich weiß auch, wen sie für dich in Bereitschaft hält.« (S. 34)

Lenes Sichtweise

Bildung als unüberbrückbares Hindernis

Jenseits von ökonomischen und sozialen Tatsachen sieht Lene aber auch ein nicht lösbares Bildungsproblem – obwohl Botho es zu überspielen sucht. Gerade hierdurch demonstriert er jedoch eine an Arroganz grenzende Jovialität: »das gab ihr […] einen Stich ins Herz, weil sie sich der Kluft dabei bewusst wurde, die sie von Botho trennte. Der spöttelte freilich über Wissen und Bildung, aber sie war klug genug, um zu fühlen, was von diesem Spotte zu halten war.« (S. 80)

Lene grübelt über das Beziehungsende nach, dabei

entpersonalisiert sie die Ursache. Schuld sei nicht Bothos Charakter, nicht das Standesbewusstsein, auch kein zufälliger finanzieller Engpass: »Es war Niemand Schuld, dabei bleibt es, daran ist nichts zu ändern. Aber dass es so ist, das ist eben das Schlimme daran. Wenn wer Schuld hat, dann bittet man um Verzeihung und dann ist es wieder gut. Aber das nutzt uns nichts. Und es ist auch nichts zu verzeihn.« (S. 94)

Sichtweise von Bothos Onkel

Durchaus handfester sind die Gründe, die Bothos Onkel anführt, um die Trennung von Lene einzufordern: Die Heirat zwischen Botho und Käthe sei schon vor langer Zeit von deren Eltern abgesprochen worden. Zudem biete sich Botho keinerlei Alternative, da er wirtschaftlich ruiniert ist und dringend die Mitgift braucht, damit er, sein Bruder und die etwas verschwenderische Mutter weiter standesgemäß leben können: »Aber sehen Sie sich unsern Freund Botho an. Dass er so wohlgenährt aussieht, das verdankt er nicht seiner Sandbüchse, die, die paar Wiesen abgerechnet, eigentlich nichts als eine Kiefernschonung ist, und noch weniger seinem Muränensee. […] Botho, wozu stehst du bei den Kaiserkürassieren und wozu hast du eine reiche Cousine, die bloß darauf wartet, dass du kommst und in einem regelrechten Antrage das besiegelst und wahrmachst, was die Eltern schon verabredet haben, als ihr noch Kinder wart.« (S. 47 f.)

Sichtweise des Freundeskreises

Serge, Pitt und Wedell schließen sich der ökonomischen Begründung des Onkels an, betonen sogar ausschließlich diese: »er hat 9000 jährlich und giebt 12 000 aus und das ist immer die schärfste aller Ecken, jedenfalls schärfer als die Heirats-Ecke. Heiraten ist für Rienäcker keine Gefahr, sondern die Rettung.« (S. 52)

Einer der Freunde weist pointiert auf Käthe Sellenthins Vermögen hin, das sie in die Ehe einbringen wird: »Der alte Sellenthin […] hat sechs Güter und die Vorwerke mit eingerechnet, sind es sogar dreizehn. Geht zu gleichen Teilen und das dreizehnte kriegt Käthe noch als Zuschlag. Gratuliere …« (S. 52). Aber nach allen Erwägungen benennt am Ende Pitt das entscheidende Motiv: »Aber die Verhältnisse werden ihn zwingen« (S. 53).

In einem ausführlich zitierten Brief hebt Bothos Mutter die finanziell-soziale und besonders die familiäre Begründung hervor. Botho sei verpflichtet, sich um seine Mutter zu kümmern, deren Altersversorgung bei einer Nicht-Heirat in Frage steht: »Du hast unser Aller Zukunft in der Hand« (S. 97).

Sichtweise von Bothos Mutter

Zugleich gesteht ihm seine Mutter in diesem Brief – jedoch nur scheinbar – mehrfach die Option zu, sich auch gegen die Heirat mit Käthe und für Lene zu entscheiden, ein Beispiel: »Du wirst dem Tone, der hieraus spricht, unschwer entnehmen, dass es durchaus nötig ist, Entschlüsse zu fassen und zu handeln. Was ich wünsche, weißt Du. Meine Wünsche sollen aber nicht verbindlich für Dich sein. Handle, wie Dir eigene Klugheit es eingiebt, entscheide Dich so oder so, nur handle überhaupt.« (S. 98)

Bothos Dilemma

Botho kennt alle Argumente. Er weiß auch, dass es durchaus möglich wäre, Lene zu heiraten – nur wären eben ökonomische Verluste und soziale Ausgrenzung die Folge. Er müsste also um der Liebe willen finanzielle und soziale Opfer bringen. Dazu ist er nicht bereit: »Es liegt nicht in mir, die Welt herauszufordern und ihr und ihren Vorurteilen öffentlich den Krieg zu erklären; ich bin durchaus gegen solche Donquixoterieen. Alles, was ich wollte, war ein verschwiegenes Glück, ein Glück, für das ich früher oder später, um des ihr ersparten Affronts willen, die stille Gutheißung der Gesellschaft erwartete.« (S. 100)

In einem eigenen Kapitel lässt der Erzähler in Form des inneren Monologs (S. 99–102), der zuweilen von ihm unterbrochen wird, den Leser an Bothos Entscheidungsprozess teilhaben. Dabei wird deutlich, dass auch die »Bildung« (S. 80), die er zuvor als unwichtig abgetan hat, ein Hindernis darstellt, aber vor allem ist es der gesellschaftliche Stand: »Was predigt dies Denkmal [Ludwig v. Hinckeldey] mir? Jedenfalls das Eine, dass das Herkommen unser Tun bestimmt. Wer ihm gehorcht, kann zu Grunde gehn, aber er geht besser zu Grunde als der, der ihm widerspricht.« (S. 102)

Trennung von Lene

Bothos moralische Inkompetenz und sein herablassendes Wesen zeigen sich, als er seine Entscheidung Lene gegenüber begründet. Er erklärt ihr, er sei durch die gesellschaftlichen Verhältnisse gezwungen worden, so zu handeln, obwohl er sich zuvor im Selbstgespräch eingestanden hatte, dass auch er selbst für die Entscheidung verantwortlich ist. Folglich ist Botho zu feige, zu seiner eigenen Entscheidung zu stehen und stellt sich als Opfer der Verhältnisse dar: »Ich hatte

Briefe von Haus, die mich zwingen; es muß sein.« (S. 103). Er überantwortet die Verantwortung anonymen Kräften, die ihn zwängen, etwas zu tun, das er *eigentlich* nicht tun will. Doch hätte er durchaus die Freiheit, anders zu handeln, er hat lediglich nicht den Mut, für die Folgen einzustehen.

Lene hingegen gibt an, die Liaison eingegangen zu sein, obwohl sie um die sozialen Folgen und das abzusehende Ende wusste: »Alles war mein freier Entschluss. Ich habe dich von Herzen lieb gehabt, das war mein Schicksal, und wenn es eine Schuld war, so war es m e i n e Schuld.« (S. 105) Sie entscheidet moralisch autonom und steht hierzu; Botho entscheidet ökonomisch und versucht, sein Handeln als Zwang der Verhältnisse darzustellen.

Souveräne und demütige Lene

In dem Trennungsgespräch drängt er Lene sogar dazu, seine Sichtweise zu akzeptieren: »Aber es ist was und das quält mich eben und ist mir doch, als ob ich dir ein Unrecht getan hätte« sagt Botho, um eine Antwort zu provozieren. Lene gehorcht: »Davon sprech ich dich frei.« (S. 105) Sie soll obendrein noch bekennen, dass es gut ist, sich zu trennen, ja, dass die ganze Affäre ihre Schuld war und Botho eigentlich der Leidtragende ist – und das tut sie auch: »Ich habe dich von Herzen lieb gehabt, das war mein Schicksal, und wenn es eine Schuld war, so war es m e i n e Schuld. […] Wenn ich nun dafür zahlen muss, so zahle ich gern. Du hast nicht gekränkt, nicht verletzt, nicht beleidigt, oder doch höchstens das, was die Menschen Anstand nennen und gute Sitte.« (S. 105 f.)

Die Verlassene soll sogar noch zugeben, dass es zu ihrem Wohl sei, wenn sie verlassen würde. Bothos Charakter zeigt hier seine zynische und manipulative Brutalität, weil er dem Opfer durch seine übersteigerten Selbstvorwürfe und Entschuldigungen suggeriert, in die Opferrolle geraten zu sein. Botho stellt sich als mutigen Menschen dar, der sich mit aller Kraft, letztlich aber vergeblich gegen das falsche System aufgelehnt hat: Lene bestätigt dies – er sei das Opfer.

- Bothos zynische Brutalität

Darstellung der Sexualität

Das Sexuelle wird sprachlich nicht direkt thematisiert, aber dennoch keinesfalls verschwiegen oder geleugnet. Es ist massiv vorhanden, aber für den heutigen Leser eben nicht auf den ersten Blick erkennbar. In unserer Zeit, in der Sexualität offen gezeigt und benannt wird, muss man auf die Romanpassagen hinweisen, in der Sexualität mehr oder weniger verschlüsselt angesprochen wird, ein Beispiel: Die Formulierung »Und sie hat dir auch öfter aus der Patsche geholfen. Du weißt schon, was ich meine.« (S. 92), die eine der drei Mätressen von Bothos Freunden verwendet, spricht vermutlich eine ungewollte Schwangerschaft samt Abtreibung an.

Der Abendspaziergang von Frau Dörr, Lene und Botho gerät zu einer deutlich frivolen Inszenierung, eingeleitet durch die Bemerkung von Frau Dörr, dass ein kleiner Engel »Amor« (S. 55) heiße. Dann leitet Frau Dörr über zum Thema Bett, in dem es »denn so

- Frivole Inszenierung

wuppt« (S. 56), sie erwähnt den »Storch« (S. 56) und dann gerät die Rede ins Obszöne: »Jott, das macht immer so viel Spaß, wenn man den einen Stengel in den andern piekt, bis der Kranz fertig is oder die Kette.« (S. 57) Wobei Zeitgenossen die Anspielung auf das bekannte Volkslied *Wir winden dir den Jungfernkranz* aus dem *Freischütz* (1821) erkannt haben dürften: »Wir winden dir den Jungfernkranz [...] / Wie lang bleibt doch der Freiersmann? / Ich kann es kaum erwarten. / Und als der schmucke Freier kam, / War'n sieben Jahr verronnen; / Und weil sie der Herzliebste nahm, / Hat sie den Kranz gewonnen. / [...] Schöner grüner Jungfernkranz!«

Die Rede vom Kranz ist eine geläufige Umschreibung für den ersten Beischlaf eines Paares bzw. den Verlust der Jungfernschaft. Der Erzähler in Fontanes Roman macht deutlich, dass auch die Figuren diese Anspielungen eindeutig verstehen: »›Wohl, wohl‹, sagte Lene, der es heute beschieden war, aus kleinen Verlegenheiten gar nicht heraus zu kommen.« (S. 57)

Lenes Hochzeit: Blumenkranz und Jungfräulichkeit

Bei Lenes Hochzeit mit Gideon kommentieren Anwesende ihre Kleidung und zeigen ebenfalls, dass sie die Symbolik des Kranzes genau in dem vorgestellten Sinne verstehen. Sie wissen, warum die Braut Lene keinen Kranz als Zeichen ihrer Jungfräulichkeit trägt: »Kranz? ... Kranz? ... Wissen Sie denn nich? ... Haben Sie denn nichts munkeln hören?« (S. 179)

Auch Bothos unbedachte Bemerkung, als er seiner Geliebten erklären soll, was er mit den »beiden Damen« (S. 62) – gemeint sind Käthe und ihre Mutter –

zu schaffen hat, ist bemerkenswert: »Wenn ich dir das alles beantworten soll, Lene, so bleib ich bis morgen früh.« (S. 62) Lene bemerkt die sexuelle Konnotation, und diese wird auch ausdrücklich vom Erzähler so präsentiert: »Ein Glück, dass Frau Dörr bei dieser Antwort fehlte, sonst hätt' es eine neue Verlegenheit gegeben.« (S. 62) Der Erzähler fällt an dieser Stelle, was selten im Roman vorkommt, aus seiner sachlichen und neutralen Rolle, um den Vorgang zu deuten und zu kommentieren.

Käthe: kinderlos

In diesem Zusammenhang ist auch Käthe von Sellenthins merkwürdige Kinderlosigkeit zu betrachten, die dadurch ironisch gespiegelt wird, dass Botho ihr ausgerechnet eine Schrift über »künstliche Fischzucht« (S. 126) als Lektüre für ihren Kuraufenthalt mitgibt, bei dem ihre lang andauernde Kinderlosigkeit therapiert werden soll. Auch dies ist eine deutliche, für Zeitgenossen verständliche Anspielung und zugleich die Beschreibung eines Konflikts durch ein Dingsymbol.

»Hankels Ablage«: Nischensexualität

Eine Schlüsselszene für die Darstellung sexueller Sachverhalte ist Bothos und Lenes Aufenthalt in »Hankels Ablage«, fern von der neugierigen Berliner Gesellschaft. Hier in dem vermeintlichen Idyll will Lene endlich allein mit ihrem Geliebten sein, hier können beide testen, was ihr Beziehung taugt. Dieser Probelauf scheitert jedoch.

Der Wirt fragt die beiden, »ob sie zu Nacht bleiben würden« (S. 68) – er weiß also, worum es geht, und bietet mehrere Zimmer an, darunter auch ein Dop-

Abb. 6: Hankels Ablage auf einer Postkarte, um 1910

pelzimmer. Von diesem Augenblick an weiß der Leser über die sexuellen Absichten des Paares Bescheid.

Erotische Gelüste

Später fühlt sich Lene nicht wohl und entfernt sich von Botho: »Lene bat, auf ihr Zimmer gehn zu dürfen, wenn er dann komme, sei sie wieder munter.« (S. 73) Die Wirtin, die sie aufs Zimmer begleitet, vermutet bei Lene eine Schwangerschaft: »ja, das sei so bei jungen Frauen, das wisse sie von sich selber« (S. 73). Sie empfiehlt Melissentee, dann werde man »ordentlich aufgekratzt und fidel und ganz zärtlich« (S. 74). Auch hier macht der Erzähler deutlich, dass der Leser die Anspielung richtig verstanden hat, wenn er sie als Beschreibung sexueller Sachverhalte versteht: »Lene bezwang nur mit Müh' ihre Verlegenheit« (S. 74). Weiterhin wird Sexuelles angesprochen, als Lene etwas

Si Jeunesse savait! si Vieillesse pouvait!

Abb. 7: Zeichnung aus Grandville: Cent Proverbes, 1845.
Auf diese oder eine ähnliche Zeichnung könnte sich Fontane bezogen haben.

später eine Lithographie mit dem Titel »Si jeunesse savait« (dt.: ›Wenn die Jugend wüsste‹) betrachtet: »Ihre feine Sinnlichkeit fühlte sich von dem Lüsternen in dem Bilde wie von einer Verzerrung ihres eignen Gefühls beleidigt« (S. 80).

Die Anspielung auf Sexuelles wird fortgeführt, wenn davon berichtet wird, dass sich Lene das Haar löst, eine Geste, die in der Literatur als ein Symbol erotischen Erwartens verstanden wird: »Zuletzt aber erhob sie sich [...] und begann ihr schönes Haar zu lösen und wieder einzuflechten. Als sie noch damit beschäftigt war, kam Botho. ›Lene, noch auf! Ich dachte, dass ich dich mit einem Kusse wecken müsste.‹ ›Dazu kommst du zu früh, so spät du kommst.‹ [...] Und sie schmiegte sich an ihn und blickte, während sie die Augen schloss, mit einem Ausdruck höchsten Glückes zu ihm auf.« (S. 81)

Auch der Gastwirt hat alles nur zu gut verstanden, wie sich am nächsten Morgen zeigt: »Der Wirt kam und erkundigte sich artig, wenn auch mit einem Anfluge von Verlegenheit, nach ihrer Nachtruhe.« (S. 82)

Romansprache

In *Irrungen, Wirrungen* gibt es verschiedene Sprachebenen: Etwa die floskelhafte Sprache der einfachen Menschen, die sich in der Aneinanderreihung von Gemeinplätzen, Redensarten oder »Wahrsprüche[n]« (S. 21) genügt: »was d e r sagt, is ganz egal. Der red't doch.« (S. 15)

Ein ausführliches Beispiel hierfür ist die Ansprache Frau Dörrs (»Aber was ich eigentlich sagen wollte [...]«, S. 7), die nur aus einer Aneinanderreihung von

Floskeln besteht – jedoch ironischerweise gerade dadurch tiefere Wahrheiten ausspricht, z. B. wenn sie sagt: »Sie können sich so was gar nich denken.« (S. 8) Sie benennt hiermit das Kernproblem der Erzählung, nämlich dass sich eine nicht standesgemäße Verbindung in dieser Epoche oder in der Vorstellungswelt des Romanpersonals nicht denken lässt.

Lenes Sprachstil

Die Ausnahme stellt Lene dar, der Botho »Einfachheit, Wahrheit und Unredensartlichkeit« (S. 117) und bei einer früheren Gelegenheit »Einfachheit, Wahrheit, Natürlichkeit« (S. 100) zuschreibt. Auch Botho nimmt diese Werte für sich selbst in Anspruch, was allerdings durch sein Verhalten und seine Gespräche mit Lene widerlegt wird: »Ich hab eine Gleichgiltigkeit gegen den Salon und einen Widerwillen gegen alles Unwahre, Geschraubte, Zurechtgemachte. Chic, Tournüre, savoir-faire, – mir alles ebenso hässliche wie fremde Wörter.« (S. 101)

Lenes Schreibstil: »besser als alle Orthographie der Welt«

Lenes Schriftsprache ist voller Fehler, aber auch deshalb authentisch. Botho kommentiert loyal und jovial zugleich: »An zwei, drei Stellen konnt' er sich nicht versagen, ein Strichelchen mit dem silbernen Crayon zu machen, aber nicht aus Schulmeisterei, sondern aus eitel Freude. ›Wie gut sie schreibt! Kalligraphisch gewiss und orthographisch beinah … Stiehl statt Stiel … Ja, warum nicht? […] Und ›emphehlen‹. Soll ich wegen f und h mit ihr zürnen? […] Wahrhaftig, der Brief ist wie Lene selber, gut, treu, zuverlässig und die Fehler machen ihn nur noch reizender.« (S. 39)

Käthe dagegen ›zeichnet‹ die »Kunst des gefälligen Nichtssagens« (S. 126) aus. Sie liebt die »Superlative« (S. 174), und sie bittet Botho darum, »ein bisschen mehr einfach und harmlos plaudern zu wollen und ein bisschen rascher und nicht immer dasselbe Thema« (S. 174). Käthe streut ihre gekünstelte Sprache nahezu unreflektiert in die Welt.

Gegenentwurf: Käthes Sprache

Rechtliche und theologische Dimensionen

Die Tatsache, dass Lene insistiert, ihre Beziehung mit Botho habe keine Zukunft (»Und ich weiß auch, wen [deine Mutter] für dich in Bereitschaft hält.«, S. 34), hat auch eine juristische Dimension, die Botho mit seinen Versicherungen ein wenig verschleiert, jedoch nie entkräftet. So erklärt Lene: »[…] du willst es mir verbergen, aber es geht zu End'. Und rasch, ich weiß es.« (S. 95) Und wieder hält Botho sie hin: »Wie du nur sprichst.« (S. 95), obwohl zu diesem Zeitpunkt bereits sicher ist, dass er die Beziehung beenden wird. Er ist nicht so anständig und ehrlich zuzugeben, dass auch er für die gemeinsame Liebe keine Zukunft sieht – obwohl er das von Beginn an weiß: »Arme Lene, was soll werden!« (S. 39). Entlarvend ist, dass es nicht »ohne Eindruck auf ihn« bleibt, als Lene anlässlich des Bindens eines Blumenstraußes halb im Scherz sagt: »Nun bist du gebunden.« Er möchte daraufhin das feste Verhältnis herabspielen: »Er versuchte zu lachen« (S. 72) – was seine Verlegenheit und mehr noch sein Wissen um die auch rechtliche Bedeutung dieser Aussage zeigt.

Botho erschleicht sich den Beischlaf

Juristisch ausgelegt, erschleicht er sich mit seiner indifferenten Haltung gegenüber Lene den Beischlaf, der nach § 180 verfolgt werden konnte: »Wer eine Frauensperson zur Gestattung des Beischlafs dadurch verleitet, daß er eine Trauung vorspiegelt, oder einen anderen Irrthum in ihr erregt oder benutzt, in welchem sie den Beischlaf für einen ehelichen hielt, wird mit Zuchthaus bis zu fünf Jahren bestraft.« Diese »Vorspiegelung« sucht er zu umgehen und rechtfertigt sein Verhalten folgendermaßen: »Will ich Lene heiraten? Nein. Hab ich's ihr versprochen? Nein. Erwartet sie's? Nein.« (S. 99) Dass diese rechtliche Dimension immer präsent ist, zeigt nicht nur diese Selbstreflexion, sondern auch eine kleine Bemerkung Lenes bei ihrer Trennung: »Davon sprech ich dich frei. Du hast mir kein Unrecht getan, hast mich nicht auf Irrwege geführt und hast mir nichts versprochen.« (S. 105)

Lene denkt auch rechtlich

Dass Lene nicht nur moralisch, sondern durchaus auch in rechtlichen Dimensionen denkt, zeigt ihr Verhalten ihrem künftigen Ehemann Gideon Franke gegenüber. Sie hat die unbedingte Absicht, ihn über ihr Vorleben und damit auch ihre Liaison zu Botho aufzuklären. Der entsprechende Gesetzesartikel lautet: »§ 170. Wer bei Eingehung einer Ehe dem anderen Theile ein gesetzliches Ehehinderniß arglistig verschweigt, oder wer den anderen Theil zur Eheschließung arglistig mittels einer solchen Täuschung verleitet, welche den Getäuschten berechtigt, die Gültigkeit der Ehe anzufechten, wird, wenn aus einem dieser Gründe die Ehe aufgelöst worden ist, mit Gefängniß nicht unter drei Monaten bestraft.« Zwar ist in der Liaison von Botho und Lene nichts vorgefallen, was juristisch betrachtet der Ehe mit Gideon Franke im Wege stehen würde – Lene ist weder verlobt, verheiratet noch »versprochen« (S. 105) –, gleichwohl ist gewissermaßen ein moralischer und noch viel mehr ein emotionaler Hinderungsgrund vorhanden: Welche Bedeutung hat die alte Affäre von Botho und Lene für ihre künftigen Ehen?

Der sehr religiöse und ebenso gewissenhafte Gideon Franke formuliert diese Sorge gegenüber Botho so: »Sie hat auch zugesagt, aber mir bei der Gelegenheit auch von ihrem Vorleben erzählt und dabei mit so großer Liebe von Ihnen gesprochen, dass es mir auf der Stelle feststand, Sie selbst, Herr Baron, offen und unumwunden fragen zu wollen, was es mit der Lene eigentlich sei.« (S. 142) Botho versucht mit seiner Antwort die juristischen und die emotionalen Bedenken gegen eine Ehe aus dem Weg zu räumen: »Was zurückliegt, liegt zurück. Können Sie darüber nicht hin, so muss ich das respektieren. Aber können Sie's, so sag ich Ihnen, Sie kriegen da eine selten gute Frau.« (S. 144)

Bothos Ehe im rechtlichen Kontext?

Auch die Ehefrau Bothos fragt nach dessen alter Affäre, aber keineswegs konkret, sondern mehr oder weniger allgemein und ausschließlich auf die Emotionen bezogen – so, wie es ihre Art ist: »Ich glaube wirklich, Botho, meine Schwester Ine hat es dir angetan und du darfst mich nicht damit trösten wollen, sie sei noch ein halber Backfisch oder nicht weit darüber hinaus. Das sind immer die gefährlichsten. Ist es nicht so? Nun ich will nichts gesehen haben und ich gönn es ihr und dir. Aber auf alte, ganz alte Geschichten bin ich eifersüchtig, viel, viel eifersüchtiger als auf neue.« (S. 118)

Was sagt die Kirche dazu?

Und die kirchliche Position? Der Theologe Michael Meyer-Blanck schreibt: »Alle Sexualität außerhalb der Ehe galt kirchlich als ›Fleisches Schwäche‹ (Mk 14,37 f.), als ›Unzucht‹; der (pädagogische) Gedanke des sexuellen Lernens durch Erfahrung und Praxis war unbekannt. Im 19. Jh. war für jeden Protestanten die Gültigkeit der folgenden Briefstelle des Apostels Paulus präsent: ›Weder Unzüchtige noch Götzendiener, Ehebrecher, Lustknaben, Knabenschänder, Diebe, Geizige, Trunkenbolde, Lästerer oder Räuber werden das Reich Gottes ererben‹ (1 Korinther 6,9). In Luthers ›Kleinem Katechismus‹ hieß es klar und einfach (Erklärung zum 6. Gebot): Wir sollen ›keusch und zuchtvoll leben in Worten und Werken und in der Ehe einander lieben und ehren‹. Das reichte als moralischer Maßstab völlig aus. Es gibt vermutlich keinen Theologen, der im 19. Jahrhundert etwas anderes vertreten hätte.«[9]

Gideon wendet sich vom Dogmatismus ab

Ganz anders denkt aber Gideon Franke. Er kehrt sich aufgrund seiner Erfahrungen in den USA von diesem Dogmatismus ab: »Ja, der Mensch soll die Ge-

9 Von Michael Meyer-Blanck für diese Ausgabe verfasst.

bote halten, alle soll er sie halten, aber es ist doch ein Unterschied, je nachdem die Gebote sind, und wer das eine nicht hält, der kann immer noch was taugen, wer aber das andere nicht hält und wenn's auch im Katechismus dicht daneben stünde, der taugt nichts und ist verworfen von Anfang an und steht außerhalb der Gnade. [...] Und wer in seines Fleisches Schwäche gegen das sechste verstößt, dem kann verziehen werden, wenn er in gutem Wandel und in der Reue steht«. (S. 144 f.)

Die sittlichen Empfindungen der Leserschaft beschreibt Fontane am 8. September 1887 in einem Brief an seinen Sohn, in der Absicht auszudrücken, was »alle Welt so« über seinen Roman denkt: »Wir stecken ja bis über die Ohren in allerhand konventioneller Lüge und sollten uns schämen über die Heuchelei, die wir treiben, über das falsche Spiel, das wir spielen. Gibt es denn, außer ein paar Nachmittagspredigern, in deren Seelen ich auch nicht hineingucken mag, gibt es denn außer ein paar solchen fragwürdigen Ausnahmen noch irgendeinen gebildeten und herzensanständigen Menschen, der sich über eine Schneidermamsell mit einem freien Liebesverhältnis wirklich moralisch entrüstet?«

Fontane: wider die »Heuchelei«

Der zweite Teil: Leben mit dem zerstörten Liebestraum

Der Roman endet erstaunlicherweise nicht mit dem Ende der Affäre von Botho und Lene. Im zweiten Teil wird geschildert, wie die beiden weiterleben. Andere berühmte Geschichten mit vergleichbaren Problemstellungen, etwa Shakespeares *Romeo und Julia* (1597) oder Goethes *Die Leiden des jungen Werthers* (1774), entbehren dagegen eines zweiten Teils: ihre Helden wählen mit dem Scheitern ihres Traums, ihrer Liebesbeziehung, den Tod.

■ Selbstmordgedanken?

Lene und Botho bedenken im ersten Teil des Romans diese Möglichkeit, sich selbst zu töten, verwerfen sie aber und leben stattdessen mit ihrem zerstörten Traum weiter. Als Botho vor einem Denkmal Ludwig von Hinckeldeys steht, der in einem Duell umkam, geht ihm Folgendes durch den Kopf: »Und eine Stunde später war er in den Tod gegangen. Und warum? Einer Adelsvorstellung, einer Standesmarotte zu Liebe, die mächtiger war als alle Vernunft, auch mächtiger als das Gesetz, dessen Hüter und Schützer zu sein, er recht eigentlich die Pflicht hatte.« (S. 101)

Lene ist sich nicht so sicher, am Leben bleiben zu wollen, wie Botho; sie erwägt ihm gegenüber scheinbar den Freitod: »›Woran denkst du, Lene?‹ ›Wie schön es wäre, dort oben [bei den Sternen / im Jenseits] zu sein.‹ ›Sprich nicht so. Du darfst dir das Leben nicht wegwünschen; von solchem Wunsch ist nur noch ein Schritt …‹« (S. 104). Fontane mutet also seinen gescheiterten Helden das Weiterleben zu und wirft damit die Frage auf, wie man damit umgehen soll, dass sich das »Glück« nicht verwirklichen lässt.

Fontane empfiehlt aus Lebensklugheit, weder gegen formelle noch informelle Gesetze zu verstoßen – weil man so in der Summe besser lebt. Leben heißt dabei, sich arrangieren und nicht einem temporären Glück hinterherlaufen. So arrangieren sich beide Helden, und so lautet auch die Empfehlung, die Botho anlässlich einer vergleichbaren Liebesgeschichte seinem Offizierskameraden Rexin nahelegt: »Und so denn noch einmal, Freund, zurück von Ihrem Vorhaben oder Ihr Leben empfängt eine Trübung und Sie ringen sich nie mehr zu Klarheit und Helle durch. Vieles ist erlaubt, nur nicht das, was die Seele trifft, nur nicht Herzen hineinziehen und wenn's auch blos das eigne wäre.« (S. 166)

Standesgemäße Unterordnung als Lebensklugheit

Von diesem Fluchtpunkt ausgehend, sind die Herangehensweisen Lenes und Bothos an ihr Schicksal zu bewerten. Botho, der um die Oberflächlichkeit, Naivität, die Äußerlich- und Gedankenlosigkeiten seiner Frau Käthe weiß, arrangiert sich letztlich damit und verbrennt alle Erinnerungen an seine Geliebte.

Lene und Botho arrangieren sich mit ihrem Leben

Lene, die durch den Verlust Bothos psychisch und physisch angeschlagen ist, begibt sich in die Ehe mit dem rechtschaffenen Gideon Franke, der ihr Sicherheit gewährt. In einem Brief vom 10. Oktober 1895 gesteht Fontane, dass seine »Frauengestalten alle einen Knacks weghaben. Gerade dadurch sind sie mir lieb, ich verliebe mich in sie, nicht um ihrer Tugenden, sondern um ihrer Menschlichkeiten, d.h. um ihrer Schwächen und Sünden willen.« Ganz in diesem Sinne wird Lene als Frau mit »Knacks« angesehen; ihr Handeln ist allerdings nicht unmoralisch: Zwar sei, so Fontane, bei einer Ehe der Ehebruch abzulehnen, aber Sexualität ohne Ehe sei durchaus möglich – freilich ist diese Freiheit in einem gesellschaftlichen Kontext angesiedelt, der solch ein Verhalten toleriert oder eben nicht – wie in der Zeit Fontanes: So müsse, wer sich diese Freiheit herausnimmt, die Konsequenzen souverän handhaben.

Magischer Liebesvertrag

Der Germanist Peter von Matt erweitert den Interpretationshorizont rund um Lenes und Bothos Liebe um eine magische Dimension: »Auf jeden Fall läßt sich die Spielart des magischen Liebesvertrags, der im Gegensatz zum sakralen nicht die Anlehnung an kirchliche Gesten sucht, sondern an heidnisch-volkstümliche, an zauberische Praktiken erinnert, nirgends besser zeigen als in ›Irrungen, Wirrungen.‹«[10] Die Liaison ist im gesellschaftlichen Kontext zwar nur auf wenige Monate angelegt, aber als das Liebespaar in der Nähe von »Hankels Ablage« spazierengeht, legt Lene das Fundament für eine magische und lebenslange Verbindung mit Botho. Sie pflückt auf der Wiese einen Blumenstrauß zusammen, der unter anderem »Vergissmeinnicht« (S. 71) und »Immortellen« (S. 72) enthält, und er bittet sie, diesen mit einem ihrer Haare zu binden. Doch sie wehrt sich zunächst,

10 Peter von Matt, *Liebesverrat. Die Treulosen in der Literatur*, München 1989, S. 137.

weil sie die Bedeutung des heidnischen Rituals kennt: »›Nein‹, sagte sie bestimmt. ›Nein? warum nicht? warum nein?‹ ›Weil das Sprüchwort sagt: ›Haar bindet.‹ Und wenn ich es um den Strauß binde, so bist du mitgebunden.‹« Schließlich erfüllt Lene seinen Wunsch und spricht eine Art Zauberformel aus: »Nun bist du gebunden.« (S. 72)

Am Ende des Romans nimmt Fontane dieses Motiv wieder auf. Botho entnimmt einem Geheimfach die alten Briefe Lenes und den Blumenstrauß und verbrennt alles. Kurz vorher ahnt er, dass Lene mit ihrem Aberglauben richtig lag: »Sie sagte damals, dass ein Haar zu fest binde, darum weigerte sie sich und wollt' es nicht. Und ich? warum bestand ich darauf? Ja, es giebt solche rätselhaften Kräfte, solche Sympathieen aus Himmel oder Hölle und nun bin ich gebunden und kann nicht los.« (S. 156) Botho könnte den magischen Liebesvertrag kündigen, wenn er das Haar lösen würde, bevor er den Strauß verbrennt, aber der Aberglauben hält ihn davon ab: »Plötzlich aber, wie von abergläubischer Furcht erfasst, warf er die Blumen den Briefen nach.« (S. 158)

»Alles Asche. Und doch gebunden.«

Als Käthe nach Hause kommt, sieht sie im Herd das Häufchen Asche und schließt sofort auf verbrannte Liebesbriefe; sie geht auf Nummer sicher, wie sie glaubt, indem sie die Asche nochmals verbrennt: »Aber wir wollen sie doch lieber zweimal verbrennen; erst zu Asche und dann zu Rauch. Vielleicht glückt es.« (S. 177) Triumphierend setzt sie sich vor den Herd und wärmt sich ihre Füße an den Überresten von Lenes Liebe. Peter von Matt hebt aber noch eine andere Lesart hervor: »Sie weiß nicht, wie trügerisch und scheinhaft dieses Feuer, dieser eheliche Herd in Wahrheit ist: sie ist die Betrogene.«[11]

11 von Matt (s. Anm. 10), S. 141 f.

7. Autor und Zeit

1819 24. März: Der Apotheker Louis Henri Fontane heiratet Frau Emilie Labry in Neuruppin. Der Vater hat französische (hugenottische) Vorfahren; Theodor Fontane wird seinen Hausnamen lebenslang französisch aussprechen: »Fóntan«.
30. Dezember. Geburt Theodor (eigentlich Henri Théodore) Fontanes.

1826 Wegen hoher Spielschulden verkauft Theodor Fontanes Vater seine Apotheke in Neuruppin und erwirbt nach Tilgung der Schulden in Swinemünde eine kleinere Apotheke.

1827 Juni: Umzug der Familie nach Swinemünde. Fontane besucht nur kurz die Stadtschule; sein Vater und ein Hauslehrer unterrichten ihn.

1832 Einschulung in die Quarta des Friedrich-Wilhelm-Gymnasiums in Neuruppin.

1833 Wechsel zu Karl Friedrich Klödens Gewerbeschule in Berlin.

1836 Abschluss der Schulausbildung mit dem Zeugnis des sogenannten »Einjährigen«.
1. April: Fontane beginnt eine Ausbildung zum Apothekergehilfen (Berlin).
20. Mai: Konfirmation in der französisch reformierten Kirche.

1839 Veröffentlichung von Gedichten und Erzählungen in der Tageszeitung *Berliner Figaro.*

1840–43 Fontane arbeitet als Apothekergehilfe in

Burg, Leipzig, Dresden und schließlich in der väterlichen Apotheke in Letschin.

1841 Erkrankung an Typhus: Erholungsaufenthalt bei den Eltern.

1844 1. April: Als Einjähriger-Freiwilliger Militärdienst im Berliner Gardegrenadierregiment »Kaiser Franz«, regulär als Corporal ausgeschieden.
Erste London-Reise (14 Tage) mit einem Schulfreund.

1844–65 Mitglied des Berliner literarischen Vereins *Tunnel über der Spree*, Pseudonym (»Tunnelname«): »Lafontaine«.

1845 Arbeit in der väterlichen Apotheke (Letschin), danach in der Polnischen Apotheke (Berlin).

1847 Pharmazeutisches Staatsexamen: Approbation zum »Apotheker erster Klasse«.
Angestellter Apotheker in Berlin.
Trennung der Eltern ohne Scheidung.

1848 Fontane nimmt an den Barrikadenkämpfen der Märzrevolution (Berlin) teil.
Gedichte und radikale Artikel in der Zeitschrift *Berliner Zeitungshalle.*
Er arbeitet in dem Berliner Krankenhaus Bethanien und bildet dort zwei Schwestern (Diakonissen) aus.

1849 30. September: Entschluss, sich als freier Schriftsteller durchzusetzen, er gibt den Apothekerberuf auf, um vom Schreiben zu leben.
Veröffentlichungen politischer Artikel in der ra-

Abb. 8: Fontane-Geburtshaus in Neuruppin – CC BY-SA 3.0

dikal-demokratischen *Dresdner Zeitung*; er fordert »Freiheit um jeden Preis« und eine republikanische Staatsform.

Dezember: Erstes Buch: *Männer und Helden. Acht Preußenlieder*, er stellt dort die brandenburgisch-preußische Geschichte anhand von acht Feldherren-Porträts dar.

1850 August: Nach dem Scheitern der Revolution (1848/49) nimmt er eine Stelle im »Literarischen Kabinett« des preußischen Innenministeriums an.

16. Oktober: Er heiratet Emilie Rouanet-Kummer. Sie bringt sieben Kinder auf die Welt, von

denen drei Söhne kurz nach der Geburt sterben. Seine einzige Tochter stirbt 1917.
Das »Literarische Kabinett« wird zum Jahresende aufgelöst. Fontane verliert seinen Arbeitsplatz.

1851–56 Arbeit bei der staatlichen »Zentralstelle für Pressangelegenheiten« (Berlin). Mehrere Aufenthalte in London, aus seinen Artikeln entsteht das Buch *Ein Sommer in London* (1854).
Der für den Realismus programmatische Aufsatz Fontanes *Unsere lyrische und epische Poesie seit 1848* (1853) erscheint.

1856–58 Presseattaché an der preußischen Botschaft in London.
Schottlandreise im August 1858.

1859 Rückkehr nach Berlin.
Verlust der Stellung als »Vertrauenskorrespondent« des amtlichen »literarischen Büros«.

1860–70 Arbeit als Redakteur des *Englischen Artikels* der konservativen *Neuen Preußischen (Kreuz-) Zeitung.*

1862 Erster Band der *Wanderungen durch die Mark Brandenburg*; insgesamt vier Bände bis 1882.

1864/66/70 Kriegsberichterstatter: Kriegsberichte erscheinen in Buchform: *Der Schleswig-Holsteinische Krieg im Jahre 1864*, *Der deutsche Krieg von 1866* und *Der Krieg gegen Frankreich.*
5. Oktober 1870: Verhaftung als vermeintlicher Spion in Frankreich; Freilassung erst nach Intervention Otto von Bismarcks.

1867 5. Oktober: Tod des Vaters in Schiffmühle bei Freienwalde.

1869 13. Dezember: Tod der Mutter in Neuruppin.

1870–89 Theaterkritiker bei der liberalen *Vossischen Zeitung.*

1872 Umzug in die Potsdamer Straße 134c in Berlin, wo die Familie nunmehr wohnen bleibt.

1876 Für kurze Zeit »Erster Sekretär« der Berliner Akademie der Künste.

1878 Fontanes erster Roman erscheint: *Vor dem Sturm. Roman aus dem Winter 1812 auf 1813* (4 Bände).

1880–97 Romane und Erzählungen, u. a. *Grete Minde, Ellernklipp, L'Adultera, Schach von Wuthenow, Unterm Birnbaum, Cécile, Irrungen, Wirrungen; Stine, Quitt, Unwiederbringlich, Frau Jenny Treibel, Effi Briest, Die Poggenpuhls, Der Stechlin.*

1889 Beendigung der Arbeit als Theaterkritiker bei der *Vossischen Zeitung.*

1892 Schwere Erkrankung (Gehirnanämie). Nach Depressionen auf ärztlichen Rat hin Beginn der Abfassung seiner Lebenserinnerungen, die 1894 unter dem Titel *Meine Kinderjahre* erscheinen und mit der Autobiographie *Von Zwanzig bis Dreißig* (1898) fortgesetzt werden.

1897 *Der Stechlin*, Fontanes letzter Roman kommt auf den Buchmarkt.

1898 20. September: Theodor Fontane stirbt in Berlin.

8. Rezeption

Irrungen, Wirrungen gehört bis in die Gegenwart hinein zum Kanon der Schullektüre. Mit der Publikation seines Romans sorgte Fontane für einen handfesten Skandal, wie der Literaturwissenschaftler Hans-Heinrich Reuter feststellt: »Keines seiner Werke hatte bisher so eingeschlagen. Zum ersten Male war die Lebenslüge der herrschenden Gesellschaft bis ins Mark getroffen und durchschaut«.[12]

Fontane billigt Lene und Botho, einem nicht standesgemäßen Paar, eine Liebesnacht zu. Damals war das ein Skandal, heute würden wir darüber nur müde lächeln. Am Ende des 19. Jahrhunderts ist eine Leserschaft vorauszusetzen, die nach außen hin in Übereinstimmung mit den Rechtsregeln und den kirchlichen Vorschriften sowie den überlieferten Gewohnheiten zu leben vorgibt. Es ist das Selbstbild einer nach geltenden Sitten lebenden Gesellschaft. Fontane weist aber darauf hin, dass dies nur das idealisierte Selbstbild ist. Den Autor kränkt später, dass gerade jene Kreise, deren Handeln nicht mit diesem Selbstbild konform geht, ihm einen Verstoß gegen die sittlichen Regeln vorwerfen, ausgerechnet jene Kritiker also, die selbst, so Fontane in einem Brief vom 10. Oktober 1888 an seine Frau »in der verloddertsten Maitressenwirthschaft« steckten.

■ Fontanes Leserschaft am Ende des 19. Jahrhunderts

Welche Zeitgenossen empörten sich über *Irrun-*

12 Hans-Heinrich Reuter, *Fontane*, Bd. 2, Berlin/München 1968, S. 669.

gen, Wirrungen? Die Kritik kam vor allem aus zwei Gruppen: »das Bürgertum empörte sich über den Roman ›Irrungen und Wirrungen‹ allein aufgrund der Tatsache des ›freien‹ Liebesverhältnisses, der Adel hingegen reagierte einzig empfindlich auf das Faktum der ›Mésalliance‹«.[13] Selbstverständlich wurde der Roman nicht von allen Lesern verdammt, es gab auch solche, die sich darüber freuten, dass Fontane so gelassen und souverän diese Liaison auf so hohem künstlerischen Niveau erzählte.

Forschung: Germanisten und Literaturwissenschaftler

Seit rund 130 Jahren diskutieren Forscher *Irrungen, Wirrungen* auf je unterschiedliche Weise. Nur wenige Erkenntnisse von ihnen gelangen in die Schulen, verbleiben vielmehr im Elfenbeinturm der Wissenschaft. Gleichwohl sei Peter von Matts Interpretation hervorgehoben, die souverän die Finessen des Romans und seine Interpretationsspielräume rund um die Liebe hervorhebt: »Zuletzt verbleibt man dem Ganzen gegenüber so unabgesichert, wie man jener Szene gegenüber verbleibt, wo die Ehefrau sich die Füße wärmt am Feuer der Liebe ihres Mannes und dies für beide eine recht behagliche Stunde ist.«[14]

13 Carin Liesenhoff, *Fontane und das literarische Leben seiner Zeit – Eine literatursoziologische Studie*, Bonn 1976, S. 69.
14 von Matt (s. Anm. 10), S. 143.

9. Prüfungsaufgaben mit Lösungshinweisen

Aufgabe 1

Schon das erste Treffen zwischen Lene und Botho deutet die Brüchigkeit ihrer Liebschaft an, dieses Motiv zieht sich bis zum Ende des Romans durch. Tragen Sie passende Textstellen (Zitate) zusammen.

Lösungshinweise

- Lene bleibt realistisch, sie erwartet keine langfristige Beziehung oder gar Heirat, die ihr ohnehin standesgemäß nicht zustehe; aber sie erklärt: »Wenn ich einen liebe, dann lieb ich ihn. Und das ist mir genug.« (S. 20)
- Eine der Spruchweisheiten aus den Knallbonbons deutet das Schicksal des Liebespaares voraus: »Wo Amors Pfeil recht tief getroffen, / Da stehen Himmel und Hölle offen.« (S. 24)
- Lene zu Botho: »Du liebst mich und bist mir treu, wenigstens bin ich in meiner Liebe kindisch und eitel genug, es mir einzubilden. Aber wegfliegen wirst du, das seh ich klar und gewiss. Du wirst es müssen. Es heißt immer, die Liebe mache blind, aber sie macht auch hell und fernsichtig.« (S. 34)
- Lene weiß ihr »Glück« mit Botho zu schätzen. Allerdings müsse man »allem ehrlich ins Gesicht sehn und sich nichts weis machen lassen und vor allem sich selber nichts weis machen.« (S. 35)

- Botho: »Arme Lene, was soll werden! Es wär' uns beiden besser gewesen, der Ostermontag wäre dies Mal ausgefallen.« (S. 39)
- Frau Nimptsch: »Ach, meine liebe Lene, man hat nichts sicher, gar nichts« (S. 64).
- Am Ende ist es aber auch der Unterschied der formalen Bildung, der Lene und Botho dazu führt, die Beziehung zu beenden: »das gab ihr, so klein die Sache war, einen Stich ins Herz, weil sie sich der Kluft dabei bewusst wurde, die sie von Botho trennte. Der spöttelte freilich über Wissen und Bildung, aber sie war klug genug, um zu fühlen, was von diesem Spotte zu halten war.« (S. 80)
- Lene: »Ach, mein einziger Botho, du willst es mir verbergen, aber es geht zu End'. Und rasch, ich weiß es.« (S. 95)
- Botho: »Was predigt dies Denkmal [Ludwig v. Hinckeldey] mir? Jedenfalls das Eine, dass das Herkommen unser Tun bestimmt. Wer ihm gehorcht, kann zu Grunde gehn, aber er geht besser zu Grunde als der, der ihm widerspricht. […] Ordnung ist Ehe.« (S. 102)
- Lene: »Ich hab es so kommen sehn, von Anfang an, und es geschieht nur, was muss. Wenn man schön geträumt hat, so muss man Gott dafür danken und darf nicht klagen, dass der Traum aufhört und die Wirklichkeit wieder anfängt.« (S. 105)
- Botho zu Gideon: »Und dann kam das Leben mit seinem Ernst und seinen Ansprüchen. Und das war es, was uns trennte.« (S. 144)

Aufgabe 2

»Hankels Ablage« spielt im Roman eine bedeutende Rolle. Welche? Belegen Sie das auch mit Zitaten.

Lösungshinweise

- In den Kapiteln 11 bis 14 steht »Hankels Ablage« im Zentrum des Romans.
- »Hankles Ablage« ist ein beliebtes Ausflugsziel für Berliner, die sich dort in der Natur erholen wollen.
- Diese Lokalität dient den Gästen auch für ihre erotischen Intermezzi, weil man dort in Distanz – »fern von dem großstädtischen Getreibe« (S. 66) – seine Zeit verbringen kann.
- Für Lene und Botho ist der Ausflug zu »Hankels Ablage« ein Test, um zu sehen, ob ihre Beziehung von Dauer sein könnte.
- Lene ärgert dort ihren Geliebten mit kleinen Spitzen, weil sie ahnt, dass ihre Beziehung nicht von Dauer ist.
- Bei der Wahl des Ruderboots entscheidet sie sich für das Boot »Forelle« und nicht für das mit dem Namen »Hoffnung«, denn: »Was sollen wir mit der Hoffnung?« (S. 69).
- Lene bindet mit einem ihrer Haare einen Blumenstrauß für Botho mit der ernsten Bemerkung: »Nun bist du gebunden.« (S. 72) – was ihn irritiert und ihm am Ende des Romans wieder gegenwärtig wird. Dieses abergläubische Ritual bindet sie beide bis zu ihrem Lebensende auf eine magische Art.

- Trotz dieser Irritationen bereitet sie sich für die gemeinsame Nacht vor, sie löst ihr Haar und Botho betritt das Zimmer, ihre letzte Liebesnacht beginnt.
- Am nächsten Tag treffen drei Kameraden Bothos (Balafré, Pitt und Serge) mit ihren Mätressen auf »Hankels Ablage« ein. Frivol stellen die drei Männer ihre Freundinnen als Figuren aus Schillers Schauspiel *Die Jungfrau von Orleans* vor. Und nun *verrät* Botho seine Geliebte, weil er sie in das Namensspiel einbezieht, ein massiver Vertrauensbruch: Er nennt Lene »Agnes Sorel« (S. 85), nach einer berühmten Mätresse. Botho demütigt seine Geliebte, weil er sie in das dekadente Spiel seiner Freunde und deren Liebhaberinnen einbezieht und damit obendrein ihren Stand (Kleinbürgerin) verleugnet.
- Durch dieses Intermezzo ist die zärtliche Stimmung zwischen Botho und Lene zerstört. Auf dem Rückweg will Lene vom Bahnhof allein nach Hause gehen, Botho begleitet sie trotzdem, was aber nur zu einer »schreckliche[n] Zwangsunterhaltung« (S. 94) führt.

Aufgabe 3

Realismus: Arbeiten Sie die wesentlichen Aspekte und Implikationen des folgenden Textes heraus. In seiner Literaturkritik *Unsere lyrische und epische Poesie seit 1848*, die 1853 anonym veröffentlicht wurde, diskutiert Fontane einen Kunst-Realismus-Begriff, der auch auf sein eigenes Werk zutrifft:

»Wohl ist das Motto des Realismus der Goethesche Zuruf: Greif nur hinein ins volle Menschenleben, / Wo du es packst, da ist's interessant, aber freilich, die Hand, die diesen Griff tut, muß eine künstlerische sein. Das Leben ist doch immer nur der Marmorsteinbruch, der den Stoff zu unendlichen Bildwerken in sich trägt; sie schlummern darin, aber nur dem Auge des Geweihten sichtbar und nur durch seine Hand zu erwecken. Der Block an sich, nur herausgerissen aus einem größern Ganzen, ist noch kein Kunstwerk [...]. Er [Realismus] ist die Widerspiegelung alles wirklichen Lebens, aller wahren Kräfte und Interessen im Elemente der Kunst; er ist, wenn man uns diese scherzhafte Wendung verzeiht, eine ›*Interessenvertretung*‹ auf seine Art. Er umfängt das ganze reiche Leben, das Größte wie das Kleinste [...]. Denn alles das ist *wirklich*. Der Realismus will nicht die bloße Sinnenwelt und nichts als diese; er will am allerwenigsten das bloß Handgreifliche, aber er will das *Wahre*.«

Theodor Fontane: »Unsere lyrische und epische Poesie seit 1848«. In: Die deutsche Literatur in Text und Darstellung. Bd. 11: Bürgerlicher Realismus. Hrsg. von Andreas Huyssen. Stuttgart 1977. S. 56 f.

Lösungshinweise

- Der Schriftsteller bezieht sein Material aus dem »Marmorsteinbruch« des Lebens, die Realität bildet das Fundament des Romans. Nun liegt es aber am Künstler, diesen Stoff mit seiner »Hand« in ein Kunstwerk zu transformieren. Das realistische Material bietet Potenzial für »unendliche Bildwerke«, also fiktionale Kunstwerke.

- Aus Wirklichkeitspartikeln entsteht eine Fiktion, die – besser als die Betrachtung der realen Welt selbst – erkennen lässt, wie es um die reale Welt bestellt ist und wie es in ihr zugeht.
- Die erfahrbare Welt soll in der Kunst nicht einfach und unmittelbar abgebildet werden, sondern die Kunst soll mit größter Intensität das Leben widerspiegeln: Sie soll das Bild der Zeit, also das Epochentypische, wahr und anschaulich darstellen. Dabei bedarf es allerdings des Wirklichen als Stoff, als Material, als Steinbruch. So entstehen literarische Fiktionen, die real möglich wären, ja sogar dem Leben vergleichbar sind, aber so, dass sie im Unterschied zur »bloßen Sinnenwelt« eine substanzhaltige Wahrheit darstellen. Die »Widerspieglung alles wirklichen Lebens« muss so erfolgen, dass das Gelesene wie etwas selbst Erfahrenes erscheint, allerdings im Kontext der Kunst.

Aufgabe 4

Der Titel des Romans heißt *Irrungen, Wirrungen.* Welche Bedeutung hat er?

Lösungshinweise

- Unser Leben besteht aus Irrungen (Fehlern) und mehr oder weniger chaotischen Lebensverhältnissen (Wirrungen).

- Der Titel impliziert, dass unser Leben nicht durchgehend einer rationalen Logik, nicht einer kontinuierlichen Chronologie folgt, sondern auch durch Zufälle und gesellschaftliche Konventionen bestimmt wird, – die uns zuweilen zu Abwegen (Irrungen, Wirrungen) nötigen.
- Am Ende des 19. Jahrhunderts waren die Grenzen zwischen den unterschiedlichen gesellschaftlichen Ständen (Adel, Kirche, Militär, Bürger und Kleinbürger) relativ streng. Wollte ein Adeliger eine kleinbürgerliche Frau heiraten, war dies zwar möglich, aber beide hatten mit erheblichen Nachteilen auf ihrem von der Gesellschaft als ›irrig‹ angesehenen Lebensweg zu rechnen.
- Der Literaturwissenschaftler Walter Hettche beurteilt den Romantitel so: »Die erste Tagebuchnotiz Fontanes, die Zeugnis von der Arbeit an *Irrungen, Wirrungen* ablegt, trifft den Kern dessen, was mit dem endgültigen Titel gemeint ist. ›Novellenstoff aufgeschrieben (*Irrt, wirrt*)‹, heißt es unter dem 12. Dezember 1882: Es gibt kein handelndes Subjekt, das die ›Irrungen‹ alleine auslöst, es irrt und wirrt in und mit allen Romanfiguren, weil die Gesellschaft, in deren Konventionen sie alle gefangen sind, in eben der Anwendung dieser Zwänge irregegangen ist. Es sind die Irrungen und Wirrungen einer Gesellschaft, die sich von dem Gebot der Menschlichkeit entfernt hat und in denen darum die ›Herzensbindung‹ von Lene und Botho scheitert.«[15]

15 Hettche (s. Anm. 1), S. 154.

10. Literaturhinweise/Medienempfehlungen

Textausgabe

Die Erstausgabe von *Irrungen, Wirrungen* erschien 1887. In dem vorliegenden Band wird nach der folgenden Reclam XL-Ausgabe zitiert:

Theodor Fontane: Irrungen, Wirrungen. Roman. Hrsg. von Wolf Dieter Hellberg. Stuttgart: Reclam, 2013 [u. ö.]. (Reclam XL. Text und Kontext. 19038.)

Zur Biographie des Autors

Grätz, Katharina: Alles kommt auf die Beleuchtung an. Theodor Fontane – Leben und Werk. Stuttgart 2015.

Nürnberger, Helmuth: Fontanes Welt. Eine Biographie des Schriftstellers. München 2007.

Sekundärliteratur zu *Irrungen, Wirrungen*

Betz, Frederick: Erläuterungen und Dokumente: Theodor Fontane. *Irrungen, Wirrungen.* Stuttgart 2006. (Reclams Universal-Bibliothek. 8146.)

Bowman, Derek: »Unser Herz hat Platz für allerlei Widersprüche.« Aspekte von Liebe und sexueller Gier in Fontanes Roman *Irrungen und Wirrungen.* In: Fontane-Blätter (1984) H. 37. S. 443–456.

Hertling, Gunter H.: Theodor Fontanes *Irrungen, Wir-*

rungen. Die ›Erste Seite‹ als Schlüssel zum Werk. New York / Bern / Frankfurt a. M. 1985.

Hettche, Walter: *Irrungen, Wirrungen.* Sprachbewußtsein und Menschlichkeit. Die Sehnsucht nach den ›einfachen Formen‹. In: Interpretationen. Fontanes Novellen und Romane. Hrsg. von Christian Grawe. Stuttgart 2008. S. 136–156. (Reclams Universal-Bibliothek. 8416.)

Matt, Peter von: Liebesverrat. Die Treulosen in der Literatur. München/Wien 1989. S. 137–144.

Tanzer, Harald: Theodor Fontanes *Irrungen, Wirrungen* – Zur Gefühlsstruktur der Liebenden zwischen Authentizität und Sentimentalität. In: Der Deutschunterricht 48 (1996) H. 2. S. 40–49.

11. Zentrale Begriffe und Definitionen

Auktorialer Erzähler: allwissender Erzähler. Dieser Erzählertyp taucht hin und wieder in *Irrungen, Wirrungen* auf, er überschaut souverän das gesamte Geschehen. Er ist allwissend, d. h., er hat gegenüber den Figuren des Romans und dem Leser einen Wissensvorsprung. Er kennt die Gedanken und Gefühle der Figuren, und er verfügt über eine Außen- und Innensicht. Der auktoriale Erzähler taucht zum Beispiel in der Episode in »Hankels Ablage« hin und wieder auf.

➤ S. 48

Dingsymbol: ein Gegenstand, ein Tier oder eine Pflanze als zentrales Motiv einer Erzählung. In *Irrungen, Wirrungen* ist z. B. der Blumenstrauß (S. 70–72), den Lene für Botho bindet, ein solches Motiv: In diesem Strauß befinden sich auch »Vergissmeinnicht« (S. 71) und »Immortellen« (S. 72); diese Blumenauswahl verbindet das Liebespaar – auf magische Weise – und zwar lebenslang.

Die Immortellen (›Unsterbliche‹) werden dabei besonders oft im Roman erwähnt: Als letzte Ehrerbietung bringt Botho einen Immortellenkranz zu Frau Nimptschs Grab. Der Kranz verbindet ihn dort wieder auf einer symbolischen Ebene mit seiner ehemaligen Geliebten, denn ihre Kränze ›vereinigen‹ sich (»während Botho seinen Immortellenkranz an den schon vorher von Lene gebrachten anhing«, S. 154).

➤ S. 78

Erzählte Zeit: Zeitraum, über den sich die erzählte Handlung erstreckt. In Fontanes Roman ist das der Zeitraum 1875–78.

➤ S. 50

Erzählzeit: Zeitraum, den man benötigt, um einen erzählenden Text zu lesen.

Innerer Monolog: von griech. *mónos* ›allein‹, *lógos* ›Rede‹: Selbstgespräch einer literarischen Figur, in dem sie dem Leser einen Einblick in ihre Gedanken- und Gefühlswelt gewährt. In Kapitel 14 lässt der Autor in Form des inneren Monologs (S. 99–102), der zuweilen von ihm unterbrochen wird, den Leser an Bothos Entscheidungsprozess teilhaben, ein Beispiel: »Ja, meine liebe Lene, du bist auch für Arbeit und Ordnung und siehst es ein und machst es mir nicht schwer … aber schwer ist es doch … für dich und mich.« (S. 102)

➤ S. 51

Kleinbürgertum: Als Kleinbürger wurden ursprünglich Menschen aus der unteren Arbeiterschicht bezeichnet wie etwa Kaufleute, Bahnbedienstete, Volksschullehrer und Handwerker. Entstanden ist der Begriff vermutlich im 18. Jahrhundert. Seine Verwendung reichte allerdings noch weit bis ins 20. Jahrhundert hinein. Bezeichnend für einen Kleinbürger waren sein geringer Besitz und Bildungsstand; seine Aufstiegschancen in der Gesellschaft waren daher niedrig. Lene, Frau Nimptsch und die Familie Dörr sind typische Kleinbürger.

➤ S. 54, 70, 103

Leitmotive: Motive, die im Roman hin und wieder auftauchen und ihn symbolisch aufladen. In *Irrungen, Wirrun-*

gen ist das ›Einbilden‹ ein zentrales Leitmotiv, aber auch Blumen, Briefe, und Zeitungen ziehen sich motivisch durch den Roman.

➤ S. 41, 52

Naturalismus: gesamteuropäische Literaturepoche zwischen 1880 und 1900, die von Frankreich (Émile Zola) ausging. Prägend für diese Bewegung war die Orientierung an den Naturwissenschaften, insbesondere der Vererbungslehre und der Evolutionstheorie. Ziel ist es, den Menschen als triebhaftes Wesen darzustellen, das zu jeder Zeit seiner Umwelt und seinen Genen unterworfen ist. Er ist das Produkt seiner biologischen Herkunft, aber gleichzeitig auch ein leidendes Individuum. Den Naturalisten geht es darum, die hässliche Wirklichkeit, in der Missstände existieren und die Lebensbedingungen grenzwertig sind, objektiv zu beschreiben und soziale Spannungen zu kritisieren. *Irrungen, Wirrungen* unterscheidet sich indes von naturalistischen Erzählungen, weil Fontane keine objektive Milieuschilderung liefert, vielmehr die ›Realität‹ künstlerisch gestaltet, etwa durch Leitmotive und symbolische Aspekte.

➤ S. 48

Neutraler Erzähler: Dieser Erzählertyp gibt das Geschehene unkommentiert, also neutral und wertfrei wieder. Die erzählte Handlung wirkt objektiv. So z. B. im zweiten Absatz des Romans: »Es war die Woche nach Pfingsten, die Zeit der langen Tage, deren blendendes Licht mitunter kein Ende nehmen wollte.« (S. 5) Der neutrale Erzähler steht zudem außerhalb der Romanhandlung, die Innenwelt der Figuren, ihre Gedanken und Gefühle, bleiben ihm verschlossen.

➤ S. 48, 78

Novelle: von ital. *novella* ›Neuigkeit‹. Es handelt sich bei einer Novelle um eine kurze Erzählung in Prosa. Im Unterschied zum Roman finden wir in der Novelle in der Regel nur einen einzigen Handlungsstrang, der auf einen Höhepunkt zuläuft. Zu Recht hat Theodor Storm die Novelle als »Schwester des Dramas« bezeichnet. Die Wesensmerkmale einer Novelle sind, ähnlich wie beim Drama, eine szenenhafte Darstellung, dialogische Elemente, das Zusteuern auf einen Höhe- und Wendepunkt, die daraus häufig resultierende Katastrophe sowie ➤Leitmotive und ➤Dingsymbole. Ursprünglich hatte Fontane *Irrungen, Wirrungen* als Novelle konzipiert, hat davon aber wieder Abstand genommen, weil seine Erzählung mehr als einen Handlungsstrang besitzen sollte.

➤ S. 47, 57, 106

Personaler Erzähler: Dieser Erzählertyp beschränkt sich auf das Wissen, die Gefühle und Gedanken unterschiedlicher Figuren in *Irrungen, Wirrungen.* Er schlüpft also in die Rolle der jeweiligen Figuren und berichtet aus deren Perspektive, deshalb hat er einen eingeschränkten Blickwinkel auf das Romangeschehen und verliert dadurch die Distanz, die ➤auktoriale und ➤neutrale Erzähler besitzen. Im Unterschied zu diesen beiden Erzählertypen ist der personale Erzähler Teil der Handlung – auktorialer und neutraler Erzähler stehen außerhalb davon. Ein Beispiel rund um Lene: »Aber ihr war nicht gesprächig zu Sinn und so stand sie nur auf, um sich in dem Zimmer umzusehen, für das sie bis dahin kein Auge gehabt hatte.« (S. 79)

➤ S. 47

Realismus: Literaturepoche zwischen 1850 bis 1890. Der Realismus distanziert sich im Unterschied zur Klassik und der Romantik von einer idealisierenden und verklärenden Literatur. Die Schriftsteller beschreiben das menschliche Leben mehr oder weniger wirklichkeitsnah, aber im Unterschied zum ➤Naturalismus stehen die künstlerischen Aspekte, etwa die formvollendete Sprache, im Vordergrund. Die bedeutendsten deutschsprachigen Autoren sind Gottfried Keller (1819–90), Conrad Ferdinand Meyer (1825–1898), Theodor Storm (1817–1888) und Theodor Fontane (1819–1898).

➤ S. 7, 51, 59–61

Roman: Der Roman ist eine längere Prosaerzählung, die sich im Unterschied zur ➤Novelle durch einen vielschichtigen Handlungsverlauf auszeichnet. Außerdem erstreckt sich ein Roman in der Regel über einen längeren Zeitraum: *Irrungen, Wirrungen* spielt mit Unterbrechungen zwischen 1875 und 1878. Fontane gab seinem Roman bei der Erstveröffentlichung den Untertitel *Eine Berliner Alltagsgeschichte*, deshalb wird er zuweilen von seinen Lesern als Berlinroman bezeichnet.

➤ S. 7, 47 f.

Rückblende: Eine Erzähltechnik, die den chronologischen Erzählfluss durch Sequenzen aus der Vergangenheit unterbricht. Der Erzähler oder eine der Figuren vergegenwärtigen frühere Ereignisse. In *Irrungen, Wirrungen* wird zum Beispiel das erste Treffen von Botho und Lene (S. 17–19) von ihr erzählerisch nachgeholt.

➤ S. 49